忘れえぬ サイパン 1944

日米兵と民間人の目で描いた戦いの真実

吉永 直登

同時代社

はじめに

サイパンの中心地、ガラパンから北へ10キロ余り。赤い花を咲かす「フレームツリー」が車道の両サイドに何本も植えられている。「火炎樹」「鳳凰木」、日本時代は「南洋桜」とも呼ばれたサイパンを代表する樹木だ。その外側に広がるのは、山すそを覆うううっそうとした森。

「ここが水が出た極楽谷」「この道を折れると地獄谷」。日本人女性ガイドのAさんが日本時代の呼び名を説明してくれる。ジャングル全体が戦場跡のような山ろくの横を通り、車はさらに島北端を目指す。

そして現れた巨大な崖。

高さ約240メートル。中腹にはところどころに、人が隠れることができるような穴がある。自然洞窟がいくつも見えるが、中には戦闘によるものなのか、自然以外の力でえぐられたような穴もある。樹木がいくつもの筋のように山肌を覆い、むき出しの岩肌がほぼ垂直に崖下の茂みに落ち込んでいる。

「スーサイドクリフ（自殺の崖）」。1944年7月、多くの日本の民間人が家族や親戚らと飛び

スーサイドクリフ（筆者撮影）

バンザイクリフ（筆者撮影）

降り、集団自決したことで知られる場所だ。

Aさんはサイパンの日本人向け旅行会社「PACIFIC DEVELOPMENT INC.(PDI)」のスタッフ。20年以上、日本人観光客や慰霊の人たちを、崖に案内してきたという。筆者が訪れたのは2023年7月。戦争体験者の高齢化で、当時の出来事を直接知る人が来ることは少なくなったが、10年ほど前までは、多くの元住民を出迎えたと話す。

「実質日本領」だった当時の南洋諸島。サイパンには本土と変わらない商店があり、学校があった。熱帯の島ではあるが、日本の農村にもどこか似た、のどかな風景があった。サイパンで育った人にとって島への旅行は、戦禍に巻き込まれた昔の自分との再会だった。多くの人が当時を思い出し、荒々しい岩肌を見上げたという。Aさんはそんな元住民の話を丁寧にメモしていた。

サイパンの日本軍が崩壊し、民間人の集団自決が連鎖するように起きた時、崖下にいたある人は、一番高い場所から真下を見つめる5歳くらいと7歳くらいの子どもの姿を強烈に記憶していた。

「子どもたちは飛び降りようか迷っているようでした。すると横にアメリカ兵が現れ、子どもたちに何か話しかけたんです。子どもたちの姿はいつの間にか見えなくなりました」

子どもは横に現れた米兵に保護されたとみられるが、崖からはるか下をのぞき込む時に見せた、飛び降りる決心ができないでいる苦悶の表情を「今も忘れられない」と話していたという。

スーサイドクリフからほど近い島の北端には、日本人が飛び降りたもう一つの崖がある。鋭く海面に落ちる高さ数十メートルの「バンザイクリフ」だ。

荒波がぶつかる断崖はそのまま海中に落ち込む。水深は真下でも20メートルほど、崖から離れるとすぐ数十メートルに達するという。

目の前に広がる太平洋の海。群青色が本当に美しい。だがその透き通った青も、深い悲しみを帯びた色に思えてきた。

「あちらの方向が日本になります」

Aさんがささやくように教えてくれた。

日本の兵士、女性や子ども、赤ちゃんを含む多くの民間人。労働者として島に住んでいた朝鮮人、元々の住民だったチャモロ人、カロリン人。米兵もだ。本当に多くの人が理不尽な戦いの中で命を落とした。

筆者も自然と日本の方角に向き直し、静かに目を閉じた。

本書は筆者にとって北マリアナ諸島に関する二作目だ。

一作目は2019年に出版した『テニアン　太平洋から日本を見つめ続ける島』（あけび書房）。テニアンはサイパンの「きょうだい島」と言える島だ。南西にわずか数キロしか離れていない。広島、長崎に原爆を投下したB29の発進基地になったことが知られている。

ここで前書『テニアン』と本書の二つの違いを説明したい。

一つはテーマだ。両方とも沖縄や本土から来た日本人移民の体験を大きな軸にしている。ただ、戦争が始まる前、製糖業で賑わった頃の島を描いた『テニアン』に対し、本書は米軍との戦いを中心に据えた。元住民の多くが「南国の楽園」と懐かしんだ時代の出来事も詳しく書きたかったが、太平洋戦争の分岐点とも言えるサイパン戦の情報をできるだけ多く盛り込むため、本書は戦前の暮らしは一部を紹介するにとどめ、焦点を戦争に絞った。

もう一つは、島で起きた出来事や証言を調べた手法だ。『テニアン』では国内各地に住む元住民を探し、多くの80代、90代の人に会った。しかし、本書の取材では元住民の直接取材をほとんどしなかった。元住民のさらなる高齢化や他界で、以前のようなことができなくなったのだ。当時10歳の子どもですら90歳を迎える時代になった。仕方ないことだった。

その代わり、今回はサイパン戦について書かれた本に可能な限り目を通した。戦後、社会がある程度落ち着くと、日本の元将兵の中に記録を残そうとする人が現れた。民間人の中に「あの悲劇を二度と繰り返してほしくない」という思いからペンを執る人が現れた。筆者はさまざまな人の本を読み込んだ。何冊かは既に書店で購入できず、図書館で閲覧した。

民間人が書いた本の中には、まだ20歳にも達していなかった女性たちが書いたものがある。「女性の観察力は鋭い」とよく言われるが、それを強く感じた。中でも当時まだ14歳の高等女学校生徒だった奥山良子（1930年生まれ）という人が書いた本は、年齢を考えると信じられないほど日本軍、将兵の動きをよく観察していた。彼女が本を出したのは30代の時。20年以上前の出来事だったが、強烈な記憶が残っていたのだろう。筆者は同じ出来事を複数の本で見比べているので断言できるが、14歳の時の記憶とは言え、彼女が書いた内容はとても信頼でき、本書の大きな情報源になっている。

米国からもサイパン戦に関する多くの本を取り寄せた。筆者の英語力の問題から、かなり悪戦苦闘したが、日本語で語られてこなかった多くの話を見つけた。太平洋戦争における日米の戦闘を調べていると、全体を把握するには英語の情報が不可欠だと痛感する。日本にいたまま外国の本を購入するというのは、筆者が若い頃ならば考えられないことだが、「アマゾン」などのオンラインストアがそれを可能にした。元米兵や米国の研究者が出版した本をインターネットで探し、購入した。

本だけではない。米国では軍事博物館などが戦争のアーカイブ事業をおこなっていて、サイパン戦に関しても、元兵士のインタビュー映像、音声がいくつも残されている。これもリスニング力の問題で筆者は一部を理解したに過ぎないのだが、本書に取り込んでいる。

あらためて説明するが、元米兵が語った日本軍の作戦には、女性や子どもをおとりに利用したものがある。日本人として、あまり信じたくない「卑怯」「卑劣」と思える話だ。ただ、筆者は元米兵がうそをついたとは思っていない。それも事実だと感じている。生死が紙一重の戦場。自分自身も一つの油断で命を落とす緊張感の中、最前線にいた米兵は日本兵、日本の民間人の動きを、神経を集中させて見ていたからだ。

元々の島民であるチャモロ人、カロリン人が残した文献も読んだ。日米の戦闘に巻き込まれた彼らも、自分たちの体験を後世に伝えようと、現地の教育界を中心に記憶継承の取り組みを続けている。

執筆前に知らなかったことも分かった。日本の新聞紙面に載った集団自決を伝える記事は、米軍の従軍記者が寄稿した記事を海外からの特派員電で報じたものだった。米国人が見た自決の惨劇を、原文にない表現を加えて美化していた。その一方、同じく米国の雑誌が特集を組んだ、民間人収容施設の様子を伝える記事は、日本では報じられなかったとみられる。

筆者もメディアで長年働いてきた人間なので、当時の新聞社が政府、大本営との力関係の中で、米国の記事をどうとらえ、どう訳し、どう見出しを付けて伝えたのか。あるいは、あえて伝えなかったのか、想像をめぐらした。メディアの戦争加担はこれまでも繰り返し指摘されてきた問題だ。本書でもサイパン戦とメディアの関係についてページを割いた。

本書に出てくる人の名前は存命者、故人を問わず、敬称略で統一した。また、引用は原則原文どおりに紹介しているが、読者の読みやすさや現代の漢字、送り仮名表記などに配慮し、筆者が微修正した部分があることもご了解いただきたい。

2024年4月

吉永 直登

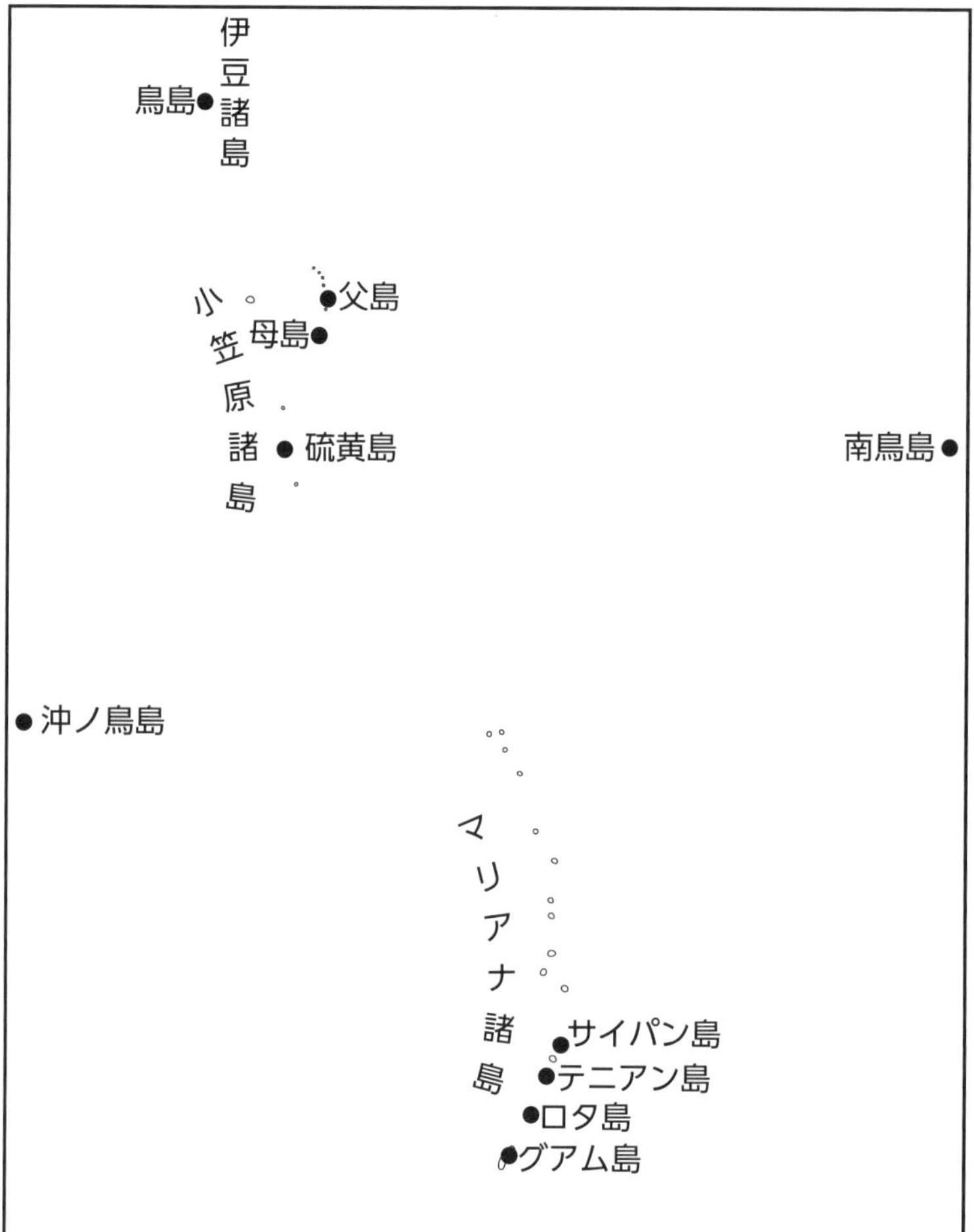
伊豆諸島
鳥島
小笠原諸島
父島
母島
硫黄島
南鳥島
沖ノ鳥島
マリアナ諸島
サイパン島
テニアン島
ロタ島
グアム島

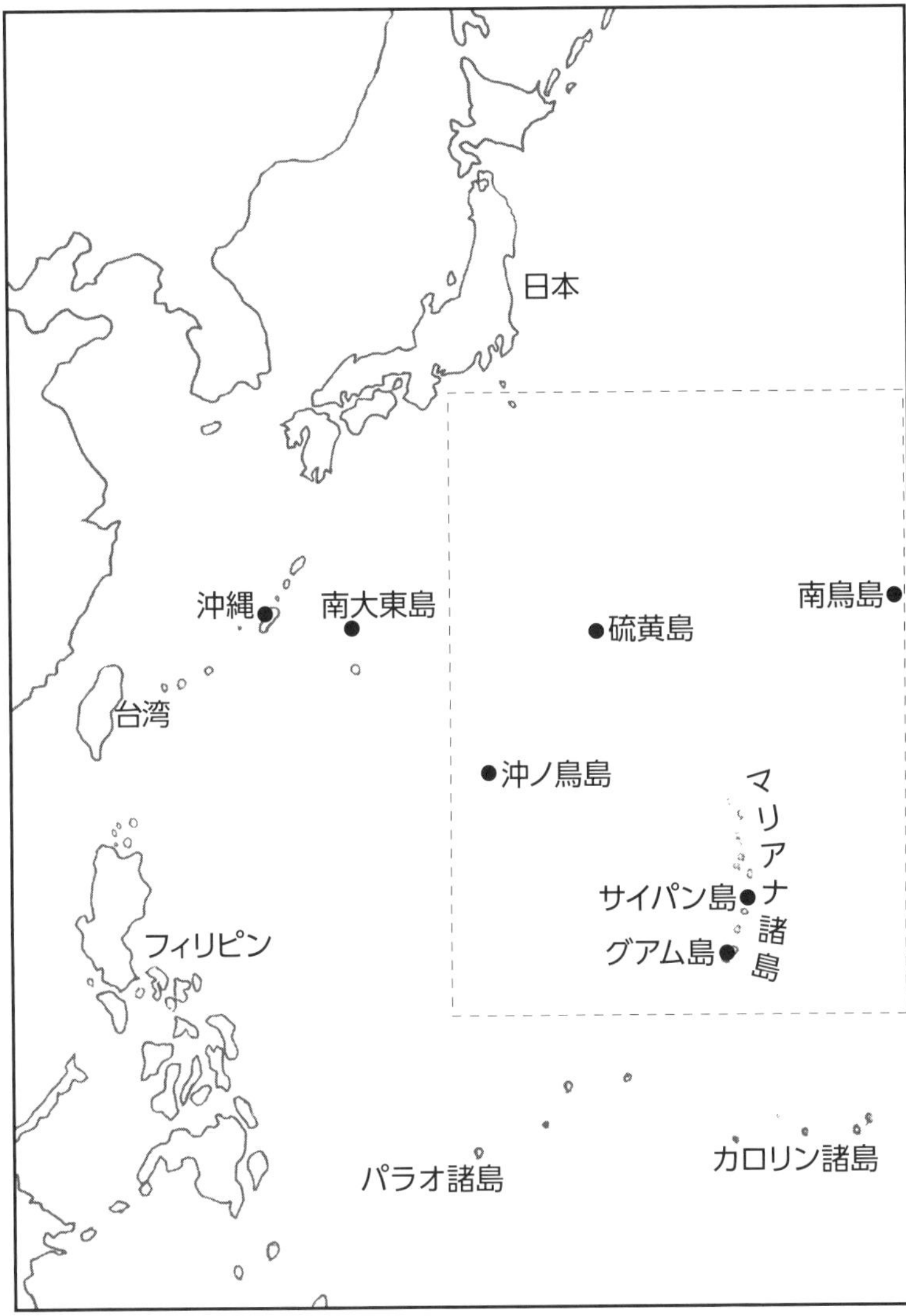
日本
沖縄
南大東島
南鳥島
硫黄島
台湾
沖ノ鳥島
マリアナ諸島
サイパン島
グアム島
フィリピン
パラオ諸島
カロリン諸島

もくじ

I　懐かしき島

ガラパンに「北マリアナ諸島歴史文化博物館」という、その名の通りサイパンの歴史、文化の資料を展示した資料館がある。入館後まず、「ガラパン町　昭和18年」と書かれた大きな町の案内図が目に飛び込む。

道路が海岸前から山側に向かって、「海岸通り」「一丁目通り」「二丁目通り」「三丁目通り」と整然と並び、通りの周囲に商店がびっしり書き込まれている。

商店、酒屋、料理店、パン屋、菓子店、コーヒー店、牛乳店。

洋服店、靴店、時計店、文具店、眼鏡店、写真館、床屋。

そして、病院、歯科医院、薬局。自動車工場、タクシー、自転車屋、材木店、鉄工所、浴場も。

現代の商店街と何も変わらない。「ない店はない」と思えてくる。

一歩引いて全体を見直すと、町の外周エリアに公共の建物や学校、寺などが多くあったことが分かる。右（方角は南側）の山側に神社、銅像、サイパン実業学校、本願寺。その下（海側）に南洋庁ガラパン支庁、郵便局、公会堂、カトリック教会。海岸の支庁桟橋、南貿桟橋の近くには沖縄芝居小屋「南座」や沖縄県人会事務所も。一方、左（北側）を見ると、端近くに「築港（ちっ

戦前のサイパン・ガラパンの目抜き通り

こう)」と書かれた港湾施設がある。南洋寺、サイパン高等女学校（旧・南洋家政女学校）も目に入る。

案内図の横には別のパネルもある。お店の名前、住所、2桁または3桁の電話番号が書かれたショップカードのようなものが並べられている。映画館の「サイパン劇場」や「南洋日日新聞社」など新聞社3社も並んでいる。椰子を使った土産物を売っていたのだろうか。「南洋土産、椰子店」と書かれた店がある。「便利屋」という店まである。

「南洋の東京」と呼ばれたガラパン。それもうなずける。中でも「ガラパン銀座」と呼ばれた二丁目通りには、当時本土でも最先端の街路灯だった「すずらん灯」が並び、夜の街を照らしたという。

それにしても目につくのは「御料理　御旅館」

「料亭」と書かれた店の多さだ。「湖月」「南海楼」「酔月料亭」「だるま」。現代と同じく、酒好きを惹きつける名前が多い。本州など本土出身者の店と沖縄出身者の店に大きく分かれ、夜の店で客をもてなす女性たちも多く島にやって来たようだ。

地図に書かれた建物について、いくつか説明したい。

神社は「彩帆神社（サイパン神社）」。日本統治開始直後に香取神宮（千葉県香取市）に由来する神社が建立され、その後再整備された。福島県出身の松江春次の銅像も記されている。松江は南洋開発の中心を担った製糖会社「南洋興発」の創業者だ。移民を募集し、サトウキビ農場をつくり、運搬列車を走らせた。「砂糖王（シュガーキング）」と呼ばれ、島の産業を興した功績は、今も現地で高く評価されている。築港は日本とサイパンを結ぶ船が出入りした港だ。近くには飛行艇基地も設けられ、当時の航空会社「大日本航空」によって横浜と南洋諸島などをつなぐ国際便が運行されたこともあった。

映画館「サイパン劇場」。チンドン屋のような格好で上映作品を宣伝する吉川デブという館主は、隣のテニアン島でも「地球劇場」という映画館を経営する両島のちょっとした有名人だった。一方、南座は沖縄芝居の常設館。伊良波尹吉を中心に多くの役者が集まり、沖縄出身者だけでなく本土出身者も観劇を楽しんだ。沖縄文化の一大発信拠点だった。

トタン屋根の建物が多い中、公会堂、郵便局、病院などは、当時の本土にあるものと見た目も変わらない建物だった。南洋庁、南洋興発は鉄筋コンクリート造りの建物を多く導入していた。ガラパンの多くの公的建物はそうした当時の先端建築だった。

公会堂は戦時中、軍の慰問行事が中心になってしまうのだが、それ以前は踊りや民謡サークルの発表会がおこなわれる住民の思い出の場所だった。病院はドイツ時代の医療施設の場所を利用し、南洋庁が1926年に診療を始めた。岡谷昇という医師が日本人看護婦、現地採用のスタッフとともに丁寧に診察に当たっていたという。

「サイパン島カトリック教会」は当時も今も島の代表的な教会だ。現在の場所にあるスペイン時代の19世紀後半に建てられた建物は、太平洋戦争時にほぼ壊れたが、戦後再建された。日本時代も敬虔なキリスト教信者のチャモロ人らが日曜日に、カラフルな服を着て礼拝に集まり、鐘の音が町に響いた。日本統治下とは言え、多くの日本人に「異国」を感じさせた建物だった。

北マリアナ諸島歴史文化博物館に展示されたガラパンの日本人町の案内図。そこには間違いなく、熱帯の島に生まれた日本の町が描かれている。

住民はどんな暮らしをしていたのか。

戦後も住んでいた島単位で親睦会がつくられ、南洋移民だった人たちの交流が続けられた沖縄県。筆者の手元に、サイパン出身者がつくった「サイパン会」が1986年に出した会誌がある。560ページ以上に上る元住民の「サイパン思い出文集」のような本だ。内容の大半は戦争の体験と戦禍で亡くなった人への追悼だが、「貧しくも楽しかった」と島を懐かしむものも多い。会誌に寄せられた文章から当時のサイパン入植者の生活や島の雰囲気を探ってみた。

まず農村。熱帯のジャングルの山が広がるサイパンだが、南洋興発の事業のため、日本人入植者が大規模に開墾し、サトウキビ栽培を始めていた。

戦後40年以上たって編集されたので、寄稿者は当時子どもだった人が多く、開墾作業に携わった本人の文章は少ない。それでも毎日必死にジャングルと格闘して農地をつくり、作物を育てた両親を描いた文章からは、入植当時の苦労をうかがい知ることができる。

「父はサトウキビ栽培に励んでいたのです。母とともに全力投球していました。粗末な服をつけ、麦わら帽子をかぶって足袋をはき、ただ一心に働き続けていた父の姿は、私の脳裏から消えることはないでしょう」

１９２８年生まれのある人が寄せた文章だ。

「サトウキビの植え付け、培土、草取り。刈り取りの頃はとても忙しく、朝は夜が明けぬうちから、夜は星の出る頃まで頑張っていました」

「父がカレータ（牛車）にサトウキビを積んで牛に引かせ、南洋興発の機関車が引く台車に積み込みにいく後ろから、私はよくついて行ったものでした。

牛はのろのろしか歩きません。坂道になると父が大声を張り上げ、荷車の車を手で回して、少しでも牛の難儀（負担）を軽くしようと頑張っていた姿が、今でも見えるようです」

男性の父親は１９２３年にサイパンに渡った人だった。サイパン戦で米軍がサイパンを占拠した時、民間人収容所に入ったのだが、収容所内で病気のため亡くなったという。

「（開墾作業に明け暮れていた時の）父の苦労を思う時、現在でも言いしれない悲しみが胸にこみ上げ、目がうるんできます」とつづっている。

町の生活はどうだったか。

お祭り、町での遊び、学校生活、そしていたずら。会誌には子ども時代、青春時代の思い出話が山ほど寄せられている。

「神社の例祭では法被を着て、白足袋で子供用の神輿を担いだ。大人用神輿の先頭を北ガラパンから南ガラパンまでジグザグ練り走った。昼は境内に店が並び、夜も踊りなどがあり、遅くまで賑わった」

「鳳凰木が真紅の花をいっぱいつけ、その下を道草をしながら下校した。時々、支庁横のマンゴーの木の下で石を投げて落とし、酸っぱい青い実を食べては巡警（南洋庁の警察職員）に追われた」

これは1930年生まれのある元住民が「私の腕白時代」と題して書いた文章。この人は、法事のお供え物の饅頭を目当てに寺に行ったり、子どもの出入りが禁止されていた映画館に、当時人気のあったアクション俳優「ハヤブサヒデト」見たさに潜り込んだりした思い出も書いている。

一方、当時小学生だったある女性は、女子児童が披露した日本舞踊の発表会のことを書いている。

「校長先生の指導による舞踊『荒城の月』が圧巻だった。黒紋付に袴姿の橋本さんの独舞はきりっと引き締まるものを感じ、会場万雷の拍手だった」

「サトウキビ列車で通学した」

これも複数の人が書いている。収穫したサトウキビを製糖工場に運ぶ蒸気機関車は、今も松江春次の銅像の近くに展示されている。島の開拓が始まった当初は小学校が少なかった。そのため南洋興発は遠距離通学になる子どものため、貨車を客車に改造し、通学時間帯に子ども向けに運行したのだ。ある人は列車に乗り遅れてしまい、両親に内緒で一日中、線路近くの海で遊んだ思い出を、懐かしさを込めながら告白文のように書いている。

10代の男の子らしい思い出話も書かれている。

サイパンで高等小学校を終えた人が通う学校は、男子が通う「サイパン実業学校」と女子が通う「サイパン高等女学校」があったのだが、実業学校がサイパン神社の近くにあったのに対し、女学校は実業学校から離れた海岸近くにあった。

会誌のある寄稿文に、女学校の参拝が毎月1日にあり、実業学校の生徒が、その日を内心楽しみにしていたという記述がある。当時は今と違い、10代半ばの男女の自由な交際など考えられない時代だが、やはり男子学生は女学生のことが気になったようだ。参道を並んで歩くこともあり、真面目な顔をして前を向きながら、多くの生徒がチラッ、チラッと女学生の方を向いていたと書いている。たわいない話だが、戦火に包まれる前の平穏な学生生活があったことをうかがわせる。

こんなエピソードもある。

「子どもたちは日曜、祭日ともなれば情報をお互いに交換しに出かけた。先輩たちについてタポチョのコーヒー山に出かけた」

ある男性は、コーヒーの実の摘み取り作業が子どもたちの小銭稼ぎのアルバイトになっていたと書いている。タポチョとは島のほぼ中央にあるサイパンで最も高いタポチョ山（標高約475メートル）のこと。島の象徴であり、多くの移民が毎日この山を見て生活した。コーヒー山とは、日本の会社がつくったコーヒー園があったガラパン側の山腹を指している。

「石油缶（一斗缶）を首からつるし、赤いコーヒーの実一杯で50銭だったと記憶している」と書いている。

会誌の記述でびっくりしたのは、「八十八カ所」があったと書かれていることだ。ふもとから山頂に至る道に地蔵が置かれたという。霊祭の日は出店も出て参拝者で賑わい、寄稿した男性は「子どもの相撲もあり、帳面や鉛筆をもらうのが楽しかった」とつづっている。沖縄県の旧具志川市が発行した『具志川市史』（2002年）にも八十八カ所に関する記述がある。それによると、四国出身者の「サイパン四国会」がつくったという。山頂に讃岐の海の神様を奉納した社が設けられていたようだ。

ただ、懐かしいというだけではすまない話もある。日本人にとっては少し耳の痛い話だ。「はじめに」で述べたとおり、サイパンは実質日本領ではあったが、元々はチャモロ人の島であり、当時からカロリン人も住んでいた。1939年時点で両者合わせて約3700人がいた。だが彼らは日本統治が始まると、日本人に追われるように周辺の山間部に移り住んだという。

サイパン会誌にはそのことを示す記述もある。

「島民は敬虔なクリスチャンであったから、日曜のミサに備えて土曜日の夕方山を下りる慣わしになっていた。その晩は、町の家か教会周辺の木立の中で、一夜を明かすのである」

町から山に移り住むことを余儀なくされたチャモロ人たちが、礼拝出席のため、前夜に山から下り、屋外で一夜を過ごしていたというのだ。

別の人はこんな思い出も紹介している。

遊び盛りの子どもたちは、山中に生えているマンゴーやパイナップルを勝手に取っては空腹を満たしていた。ある時、島民の畑に入り見つかったことがあった。畑の持ち主に捕まり、怒られるかと思ったが、日本人の子どもだと分かると、持ち主は何も言わず、子どもたちをそのまま帰宅させた。

島民とはチャモロ人、カロリン人を指している。「いたずらっ子」時代の思い出とは言え、日本統治下のサイパン社会に支配、被支配関係が存在したことを示す文章だ。

ここでサイパン戦に至るまでの島の歴史を、簡単に紹介する。

「元々の島民のチャモロ人、カロリン人」と書いたが、現在ミクロネシア人とも呼ばれる両者のうち、チャモロ人はマリアナ諸島出身、カロリン人はマリアナの南にあるカロリン諸島出身の人たちを指す。どちらも太平洋をカヌーで行き来する独自の海洋文化を築いた人々だが、サイパンを含むマリアナ諸島に古くからいたのはチャモロ人だった。

彼らの歴史が大きく変化したのは16世紀に始まる西洋人の来航だ。中でも当時の大国スペインはキリスト教を布教する一方で武力支配も進め、17～18世紀、マリアナ諸島全域を手中に収めた。

しばらく続いたスペイン時代の間に、チャモロ人は敬虔なキリスト教徒になり、西洋人との混血が進んで外見も変わった。

19世紀、歴史が再び動いた。ココヤシの商品化で利益を上げていたドイツ商人や、米国の捕鯨船が太平洋に来るようになり、彼らの商売に利用される形で、マリアナ諸島の南にあるカロリン諸島にいたカロリン人の一部もマリアナ諸島に移り住んだ。ドイツは19世紀末から20世紀初頭、国力が衰退したスペインに代わり北マリアナを統治し、米国はスペインとの戦争を経て、マリアナ諸島の南端グアム島を手に入れた。

ちなみに、この歴史的経緯のため、現在もグアムは米国の一部であり、グアム以外の島々からなる北マリアナ諸島連邦は米国の自治領（コモンウェルス）という政治形態になっている。自治領は防衛、外交などを米国に委ね、内政のみ独自に運営する形だ。本書でもグアムを含む「マリアナ諸島」と、グアム以外の「北マリアナ諸島」を文脈によって使い分けている。

話を戻す。ドイツ統治下に入ったサイパンなど北マリアナ諸島は、第一次世界大戦の勃発によって、さらに統治者が変わった。新たな統治者は、大戦を利用し領土拡大を図った日本だった。日本のサイパン統治は海軍が上陸、占領した１９１４（大正３）年に始まる。大戦終結後の１９２０年には、北マリアナ諸島を含む北西太平洋の旧ドイツ領について、国際連盟から「委任統治」が認められた。これを受け、日本は南洋庁（本庁・コロール）を設置し、民政に移行した。サイパンを含む南洋の島々は「実質日本領」となった。サイパン、テニアン両島は、製糖会社

「南洋興発」が大規模開墾してサトウキビ栽培を始め、現地の工場で大量の砂糖を生産するようになった。両島は製糖業でうるおう島となり、そこに「移民県」として知られる沖縄をはじめ、国内各地から多くの人が入植した。南洋庁の統計によると、1939（昭和14）年時点の邦人人口は、サイパン島2万4586人（うち朝鮮人は298人）、テニアン島1万5685人（うち朝鮮人は227人）となった。ガラパン町の人口も1万3000人規模になった。日本的な町や村もつくられ、サイパンはガラパン町、チャランカ町と北村、泉村、東村、南村の行政区に分けられた。

製糖業と民間事業で賑わったサイパンだが、水面下では戦争の時代が近づいていた。委任統治は「軍事化しない」ことが条件だったが、この約束は1933年の国際連盟脱退以降、形骸化していく。そして、政府、軍は1937年の日中戦争開始後、サイパン、テニアンを南方に軍事進出する中継拠点と考えるようになった。

1941（昭和16）年12月、運命の太平洋戦争が始まった。当初日本は連勝を続け、太平洋の広い範囲を支配したが、米軍が1943年に本格的反攻作戦をスタートさせると一転、日本は守りに立たされる。日本政府、大本営はこの年の9月、本土防衛のための「絶対国防圏」というラインを定めるが、それは机上のものだった。米軍は太平洋の島々を次々に奪還し、勢いを加速させながら、マリアナ諸島近海に軍を進めた。そして、米軍がＤデー（上陸作戦決行日）と呼んだ1944（昭和19）年6月15日を迎えることになった。

Ⅱ　太平洋のＤデー

前夜、一瞬の歓喜

「地揺れのするような震動。十台ぐらいの戦車が大通りの真ん中をごうごうと進んでくる。通りの両側には家から飛び出した人々が、手に手に日の丸の小旗を振って『ばんざい、ばんざい』と夢中になって叫んでいる」

山形から来た農業移民の娘、菅野静子（１９２６年生まれ）が戦後、サイパン戦の壮絶な思い出を書いた『サイパン島の最期』につづった文章だ。

１９４４（昭和19）年４月。サイパンの中心地ガラパンの通りでは、中国戦線から転戦してきた戦車第９連隊を町の人たちが大歓迎した。当時の陸軍主力戦車「九七式中戦車」から顔を出し、住民の歓声に笑顔で応える兵士もいた。

大歓迎の背景には、２月と３月に島を襲ったいくつもの悲劇があった。

２月23日、サイパン、テニアン両島は初めて米軍機の空襲を受けた。両島は軍の飛行場や島の経済の中核である製糖工場が破壊され、住民は初めて見る米軍機に大きな衝撃を受けた。

3月上旬には陸軍第29師団が到着したものの、航行中、米潜水艦の魚雷で輸送船団の主力「崎戸丸」が沈没し、大半の将兵が死亡、行方不明になる出来事があった。

極めつけは3月6日の引き揚げ船「亜米利加丸」の沈没だった。硫黄島近くで米潜水艦の魚雷に沈められた大型客船には、南洋庁職員や南洋興発社員の家族らが多数乗船していた。沈没の知らせは瞬く間に島を駆け巡った。サイパン、テニアン両島は島全体がお通夜のような雰囲気になったという。

そんな陰うつな雰囲気を吹き飛ばすように到着したのが戦車部隊だった。

戦車第9連隊は、満州の原野で対ソ連を想定し編成された部隊。一年の大半、凍り付いている大地で、激しい訓練を重ねた部隊は、住民にたくましさを感じさせた。多くの人が「大陸で活躍する陸軍が米軍を蹴散らしてくれる」と思った。住民は声も枯れんばかりにバンザイと叫び、部隊を出迎えた。

5月には、サイパン守備の主力となる歩兵部隊も到着した。名古屋で編成され、主に愛知、岐阜、静岡の兵士らが所属した陸軍第43師団（師団長・斎藤義次中将）だ。「誉部隊」の別名を持つ第43師団。「身を以て太平洋の防波堤たらん」の訓示を受けてきた。自分の命を犠牲にしてでも、米軍を日本に近づけないという決意を表した言葉だ。師団の第1次輸送船団がサイパンに到着した5月19日には、ガラパン町内で約1万人による師団の行進がおこなわれ、この時も住民が日の丸の旗を振って出迎えた。

師団の司令部にはチャランカノア国民学校の校舎が充てられ、南洋庁、南洋興発、島内にある学校や民間団体の関係者、あらゆる組織の有力者が斎藤師団長を表敬した。そして、「これでサイパンは安全です」と感謝の言葉を述べたという。

出迎えたのは日本人だけではなかった。島のチャモロ人、カロリン人の女性たちも「演芸会」と呼ぶ歓迎会で部隊をもてなした。この頃、チャモロ人、カロリン人の若い女性たちは、地域ごとに「女子青年団」と呼ぶグループをつくっていた。

第43師団の一員としてサイパンに出兵し、生還した山内武夫という人は、戦後書いた著書『怯兵記』の中で、10代の少女たちが、棒をカチカチと鳴らしながら下半身にまとった腰みのを揺らす、島伝統の踊りを披露したことを書いている。

少女の一人が「兵隊さんは遠いところをようこそ来られました。私たちが毎日習ったことを一生懸命やりますからご覧ください」とあいさつ。兵士らは島民が話す日本語アクセントのおかしさもあり、大笑いしながら拍手喝采したという。

部隊が大歓迎を受けた1944年4月、5月。サイパンは活気を取り戻したかに見えた。

だが戦後、軍参謀や兵士が書いた本を読むと、軍の実態は初めから住民の信頼に応えるものだったのか、疑問符が付くものだったことが分かる。

まず大本営、軍幹部の戦局判断が不正確で甘かった。米軍がすぐ近くに迫っているという認識が、そもそもあったのかどうか、首をかしげざるを得ない話が多いのだ。

「第43師団がサイパンに上陸した時は、まだのんびりムードで（後方支援の）兵たん基地的空気が満ちていた。『米軍の進攻は島伝いに来るであろうから、サイパンに来るのはまだ当分先のことだ。あるいは敵はサイパンを素通りするかもしれない』というのが、私たちのいつわらない心境だった」

第31軍参謀だった平櫛孝という元中佐が、サイパンの戦いを『サイパン肉弾戦』という本にまとめているのだが、当時の日本軍の見方を正直に書いている。

山内武夫の『怯兵記』にも同様のことが書かれている。

「サイパンへの米軍の来襲は多分すぐにはない。しかし制空権を握られる公算が大であるから、モグラのような生活を覚悟しなければならない。時間をかけて、地下で不自由ない生活をできるような態勢をつくる」

山内の部隊を引率する大尉が、サイパンに向かう前、そう講話したという。

日本軍は当時、現在のパラオ共和国などサイパン南西の西カロリンや南部フィリピンなどが次の米軍の標的になる可能性が大きいと考えていた。その背景には、日本軍が「あ号」作戦と呼んだ日米艦隊決戦に米軍を引きずり込みたい狙いがあった。海軍は作戦に沿って、決戦の舞台をカロリン諸島からフィリピン東部、南部の海域とする想定にこだわっていたのだ。

米軍がフィリピン奪還を目指し、カロリン諸島、パラオを狙ってくるという見方は、その後ダグラス・マッカーサー大将（1944年12月に元帥）率いる部隊が実際にフィリピン奪還作戦を実施したことを考えると、決して見当外れとは言えない。しかし、太平洋の地図を広げれば、マリアナ諸島と東京との距離が、パラオ、東京間より近いことが分かる。しかも、実際に2月に米軍機の来襲があったのだ。「サイパン進攻はまだ当分先」「素通りするかもしれない」という見方は甘すぎないか。

戦局判断の不正確さ、甘さと連動するように、この時期のサイパンの様子を書いた文章や証言には、日本軍の「酒」「性サービスの女性」に関する話が多く出てくる。

「右側に居酒屋風の店を発見し、吸い込まれるようにのれんをくぐった。しかし店内の椅子席は満席だった。テーブルが四、五卓置いてあったが、いずれも海軍の下士官風の男たちに占領されていたのである。男たちは女たちを相手にわいわい騒ぎまくっていた」

この文章は共同通信と時事通信の前身の「同盟通信」記者で、海軍報道班員兼同盟特派員としてサイパンに派遣された高橋義樹が書いた『サイパン特派員の見た玉砕の島』という本にある。

陸軍より先に多くの海軍兵が来ていたガラパンの町。町は夜になると酔った海軍将兵の騒ぎ声、勇ましい軍歌の歌声が響いていた。高橋は兵士たちとのばか騒ぎには加わらなかったが、自身も海軍将校用の料亭で女性遊びをしていたことを、本の中で正直に書いている。

ちなみに高橋は、軍幹部のグアム視察に同行しているのだが、グアムでも日本軍の作戦を取材するというよりは、現地の女性に関心が向いたようだ。

太平洋戦争直後から日本軍が占領していたグアム。高橋の本によると、現地の海軍幹部は米軍が迫っている中であっても、グアムの軍施設でダンスパーティーを開いていた。そこには「スペイン系」の顔立ちのチャモロ人女性たちが集められ、日本軍将校の相手をさせられていた。

グアムは太平洋戦争開戦後の日本軍による占領で、島にいた米軍関係者や貿易商の米国人が、現在の香川県善通寺にあった俘虜収容所に連行されたことが知られているが、島の米国人家族の中には、男だけが連行され、妻と子どもが島に残った人たちがいた。

高橋は父親が日本に連行され、母親とひっそり暮らす17歳の白人少女に出会った。少女は日本軍の施設に雇われ、日本の流行歌をピアノで演奏していたという。父親を連れ去った日本軍の宴席の仕事をしていた少女。口には出さなくても、猛烈に不愉快だったに違いない。

話を再びサイパンに戻す。海軍に続きサイパンに入った陸軍第31軍参謀の平櫛孝は著書『サイパン肉弾戦』の中で、陸軍部隊の「慰安所」設置が自身の大切な仕事の一つだったことを書いている。

兵士の中にも、性サービスを求めて町に繰り出す人が少なくなかった。第43師団、山内の『怯兵記』によると、ガラパンでは昼の訓練や作業を終えた兵士が「ピー屋に行こう」という話をよくしていたという。

「ピー屋」とは何か。戦時中の慰安婦問題を詳しく調べたある文筆家の本によると、「ピー屋」は日本軍将兵が使った慰安婦を指す俗語。慰安婦が朝鮮人なら「朝鮮ピー」、中国人なら「支那ピー」「満ピー」と呼んでいたという。

酒や女性遊びに興じる軍人を、口にこそ出さなくても、多くの民間人が不快に感じていた。それも戦後、民間人が書いた文章から分かる。

南洋興発社員だった篠塚吉太郎という人は1951年、戦いの中で命を落とした娘と山中を逃げた体験などを『サイパン最後の記録』という本にまとめ、出版した。篠塚は米軍襲来の前、女性遊びに興じていた日本軍の軍人らの様子をこう書いている。

「陸軍部隊の兵士たちは中国（原文は支那）の占領地を荒らした感覚で、無謀な行為をほしいままにした。『夕方、娘などは一人歩きできない』とまで人々は言っていた。慰安設備の料理屋やパンパン屋と称する飲食店などはことごとく占領され、『軍専用』の木札がかけられた」

戦地でありながら、酒と女性遊びの話が多いのは、本書の最終章であらためて触れるが、沖縄戦前の日本軍にも共通する。

酒ではないが、「戦局が緊迫している時期になぜ」と思わざるを得ない軍幹部の話もある。太平洋戦争開戦のハワイ・真珠湾攻撃の指揮で知られる南雲忠一中将（死後に大将）。当時は中部太平洋方面艦隊司令長官の肩書で、サイパン島内の最高指揮官だった。

元海軍軍人の松島慶三という人は著書『悲劇の南雲中将』という本の中で、中部太平洋方面艦隊の司令長官としてサイパン着任後の1944年3月頃、南雲が住民の娘たちとテニスを楽しんでいた話を紹介している。テニスの相手は『サイパン島の最期』の著者として紹介した菅野静子ら、地元の若い女性たちだった。

南雲は自身と同じ山形県出身の菅野を自分の娘のようにかわいがっていた。南雲はテニス初心者だったが、菅野らにキャラメルなどを差し入れ、東北地方や沖縄から来た移民の苦労話を熱心に聞いていたという。

著者の松島は、南雲の威張らない優しい人柄を紹介するエピソードとして、テニスの話を書いている。確かに筆者も南雲の人柄の良さを感じる。ただ、島の防衛を託された軍のトップが、まだ島の守備態勢が整っていない時期に若い女性とテニスを楽しんでいたというのはどういうことか。優しい司令官という話ではすまない気がするのだが。


太平洋戦線の日本軍惨敗の理由は、米軍との兵力、工業力の格差が指摘される。陸上自衛隊の親睦組織「修親会」が1978年にまとめた『サイパン島作戦』はそれに加え、準備期間不足や、セメントや鉄材などの築城材料が輸送船の沈没などで極度に不足していたことを理由に挙げている。

それらも理由だったろう。だが、それだけなのか。

筆者がサイパン戦に関する本を読み感じるのは、「帝国陸軍」「帝国海軍」と彼らが誇った日本軍への過信と米軍についての研究不足、戦局の分析不足だ。

第43師団は5月末、第2次輸送船団をサイパンに送るのだが、航行中の6月上旬、次々に魚雷攻撃を受け、多くの将兵と積んでいた兵器を失った。命からがらサイパンに到着した兵士らは、住民の目に触れないよう島内の製糖工場や国民学校の校舎に収容されたという。

日本陸軍上陸のお祭りは一時だった。米軍は確実に近づいていた。

チェスター・ニミッツ太平洋艦隊司令長官の右腕、レイモンド・スプルーアンス大将率いる大艦隊は6月9日、エニウェクト環礁（マーシャル諸島）を出発。11日にマリアナ諸島に空襲を仕掛ける。大艦隊は6月13日、サイパン島を完全包囲。艦砲射撃を始めた。そして、15日、運命の「Dデー」を迎える。米軍のサイパン上陸決行日だ。

ちなみに「Dデー」は普通、欧州戦線の連合国軍によるフランス・ノルマンディー海岸の上陸決行日（1944年6月6日）を指す。だが、米軍はサイパンでもこの言葉を使っていた。そのため米国では、6月15日を「太平洋のDデー」と呼ぶことがある。

水際撃滅の幻

「壕から顔を出した私をとらえた激しい驚きを、今でも忘れられない。私は一瞬息を呑んだ。それは目前に横たわる圧倒的な事実に対する衝撃だった。サイパンを抱くあの平和だったエメラルド色の海が、大小さまざまな艦艇によって真っ黒と化し、それが沖までびっしりとうずまっているのだった」

これは米軍の大艦隊がサイパンの人々の目の前に現れた1944年6月13日の出来事だ。サイパン高等女学校の生徒だった奥山良子が戦後書いた『玉砕の島に生き残って』に記された文章だ。「真っ黒と化した」は極めて正確な表現だったろう。大艦隊は空母、戦艦、駆逐艦、巡洋艦、掃海艇、戦車揚陸艦、それに水陸両用上陸艇など計535隻に上った。熱帯の大空の下で、グレーなどの地味な色が多い艦船が海を埋め尽くしたのだから黒々と見えたに違いない。その圧巻の光景に加え、艦砲射撃が絶え間なく撃ち込まれるのだから、人々が言葉を失ったのは当然だった。

米軍がDデーと呼んだ6月15日を中心に、日米軍の動きを見る。

前項で書いたように、米軍のマリアナ諸島空襲は6月11日に始まった。サイパンでも島南西部に日本軍がつくっていたアスリート飛行場や港湾施設が被弾し、米軍の上陸阻止のため西海岸に築いていた砲台や壕も多数が壊された。

だが、日本軍の甘い認識はこの時点でも変わらず、『サイパン島作戦』によると、翌12日の大本営の情勢検討でも「米軍の企図は依然不明であるが、マリアナ付近への上陸ではなく、他方面作戦の牽制であろう」という見方だった。

日本軍が米軍のサイパン上陸が間違いないと判断したのは、なんと大艦隊が沖合に出現した13日だった。目の前の大艦隊から絶え間なく撃ち込まれる艦砲射撃に加え、空からも米軍機が急降下爆撃を繰り返している。事態を否定したくても、否定のしようがなかったのだろう。南雲が連合艦隊司令長官宛てに、米軍の上陸が近いことを緊急打電した。

そして迎えた1944年6月15日のDデー。この日のサイパンは晴れだった。米軍は海兵第2師団と海兵第4師団が島南西部の海岸に上陸することを決めていた。米軍は海岸を色でエリア分けしていて、当時の彼らの言い方を使えば、第2師団が目指したのは南西部海岸のうち北側の「赤」「緑」海岸、第4師団が目指したのは南側の「青」「黄色」海岸だった。

午前5時42分、リッチモンド・ターナー海軍中将（最終は大将）の号令で、米軍の上陸作戦はスタートした。ガラパン沖で日本軍を揺さぶることを狙った、うその上陸作戦（いわゆる「陽動作戦」）をおこなった後、午前7時頃、島南西部のチャランカノアとその周辺の海岸沖に戦車揚陸艦（ＬＳＴ）が集合した。上空からも米軍機の激しい爆撃が続けられ、南西部の海岸一帯は炎と煙、途切れることのない激しい爆音に包まれた。

午前8時すぎ、戦車揚陸艦などが一斉に動き出した。海岸に近づいた揚陸艦の口からは、海からそのまま上陸できる水陸両用の上陸艇（ＬＶＴ）が次々に出てきた。上陸艇も戦車揚陸艦と同様、米軍が太平洋の環礁、小島での戦いの都度、改良を加えたものだった。船底にキャタピラがあり、上陸後にそのまま走行できるよう改造されたもので、そこには姿勢を低くした若い海兵隊員が乗っていた。

まず第一陣約８０００人が上陸し、午後からも別部隊が続いた。「シャーマン」と呼ばれた当時の主力戦車「Ｍ４中戦車」や対戦車砲「バズーカ砲」の荷揚げも大急ぎでおこなわれた。米軍はその日のうちに約2万人の上陸を成功させた。

米軍を迎え撃つ日本軍の基本方針は、米軍を海岸で撃退し、上陸を許さない「水際撃滅」だったので、日本軍の作戦は初日にあっけなく崩れたことになる。

日本軍も当然、反撃を試みた。

15日昼、同日夜から16日未明、そして16日夜から17日未明。島南西部の海岸で、上陸した米兵の陣地に向け、「白兵戦」と呼ばれる刀や剣も使った接近戦を仕掛けた。戦車第9連隊も戦車の隊列を組んで、米軍の上陸地点に向かった。

大声を上げ向かってくる日本兵の突撃は、米兵にとって驚き、脅威ではあったが、米軍を海に追い返す力はなかった。米兵は携帯式の対戦車用ロケット砲「バズーカ砲」を持っていて、装甲の薄い日本軍の九七式中戦車は餌食になった。半自動小銃「M1ガーランド」も、日本兵にとっては想定外の高性能銃だった。「バンバンバン」。相手を威圧する連続音は兵士だけでなく、周囲にいた民間人にも銃の性能の違いを感じさせた。日本軍が得意とする夜襲も、米軍が夜間に照明弾を打ち上げ続けたため、戦果を出せなかった。

結局、日本軍がつくった陣地はほとんど破壊され、海岸と周辺には無残な日本兵の遺体が散乱した。

米軍はDデー3日後の6月18日、島南部にあるアスリート飛行場を占拠。そして、この飛行場を緊急用の滑走路として利用する一方、すぐ近くに米軍仕様の飛行場をつくり直した。新たな飛行場は、サイパンで戦死したパイロットの名前をとり、「イズリー飛行場」と名付けた。イズリー飛行場はB29による日本本土空襲の拠点基地となり、戦後はサイパン国際空港として再整備される。

大量の砲弾と最新兵器を使って大部隊を上陸させ、飛行場を占拠した米軍。だが、米軍が無傷だったかというと、それも違う。

米軍が砲弾、武器の性能で日本軍を抑え込んだ話を述べた直後なので、逆のことを言うようだが、米側の犠牲も小さくはなかった。それも事実だ。上陸作戦で海兵隊は約2000人の死傷者を出した。海から空から砲弾の雨を降らせ、周到な準備をして臨んだＤデーだったが、サンゴの海から敵が銃を構える海岸への上陸は簡単ではなかった。

日本軍は陸に向かってくる米軍の動きを見てから狙い撃ちした。最も狙いやすいタイミングは、上陸艇がリーフ（環礁）を通過する時だ。リーフは白波が立っているので位置を確認しやすいうえ、水深が浅いため船底がサンゴ礁に当たりやすかった。米軍はリスクを分かっていたので、上陸前に潜水士がリーフの位置や水深を調べるなど対策を講じていた。日本軍が進路妨害のため浅瀬に置いたコンクリートブロックの場所も確認していた。それでもリーフで立ち往生したり、もたついたりする上陸艇が相次いだ。

日本軍の武器で威力を発揮したのは榴弾砲という野戦砲だった。『中部太平洋陸軍作戦』（防衛庁防衛研修所戦史室、１９６７年）には、黒木弘影少佐の部隊が「一門の損傷もなく全火砲をもって、突進する上陸用船艇と上陸点に火力を集中し、威力を発揮した」と書いてある。「九六式」という当時の主力榴弾砲は最大射程が1万メートル以上あった。海岸を目指す上陸艇の多くに打撃を与えた。

日本兵が手にしていた「三八式歩兵銃」も無力だったわけではない。弾薬を手動で装填するボルトアクション式の三八式は、明治時代末期から多くの戦いの主力銃だった。米軍に普及していた半自動小銃との比較で「古い」「旧式」というイメージを持たれることが多いが、一発一発丁寧に撃てば、弾道の安定性や命中精度は良かったという。

米軍が上陸した島南西部のうち、チャランカノア周辺の海岸
（1944年6月、米国立公文書館所蔵）

米軍が占拠したアスリート飛行場でも、日本軍は一部の部隊が激しい抵抗を試みた。弾薬を抱えて陣地に突撃したり、戦車などに体当たりしたりする「肉弾戦」などと呼んだ戦法が始まったのだ。

島の南部を守っていた「佐々木大隊」という部隊は、何回生まれ変わっても国に尽くすという意味の「七生報国（しちしょうほうこく）」を合言葉に数日間反撃を続けた。手榴弾、地雷を持って飛行場に繰り返し侵入し、最後は残っている爆発物を全て身につけ、突撃したという。

佐々木大隊が全滅し、イズリー飛行場を含む島南部が完全に米軍の手中に落ちるのは飛行場占拠から9日後の6月27日だった。

戦いの本筋から話がずれてしまうが、戦死者に対する敬意と遺体の扱いということに関しては、米軍が数段上だったと感じる。

沈没船の死者や山中の死者も同様だが、日本軍が戦死者の遺体を回収したという話を筆者は読んだことがない。一方、米軍は戦死者に敬意を示し、遺体の回収に努めていた。米軍の従軍記者の文章には、海に漂う遺体が海中の藻と絡まったような状態であっても、衛生兵が泳いでやって来て、必死に回収したことが書かれている。回収した遺体は「ドッグ・タグ（犬札）」の自虐的俗称で知られる兵士の個人認識票で、名前を確認した。

絶望のマリアナ沖海戦と海軍乙事件

「日本の運命をかけて起死回生の艦隊決戦を展開したが、日本連合艦隊は終焉に達した」第31軍の元参謀、平櫛孝が書いた『サイパン肉弾戦』の文章。米軍のサイパン上陸直後の6月19、20日の両日、サイパン西方で起きた「マリアナ沖海戦」の結果の重大さを述べている。

米軍が上陸し、飛行場を占領したところまで述べたが、ここでサイパン戦に絡む二つのことを説明したい。一つは今書いた「マリアナ沖海戦」だ。もう一つはサイパン戦の3か月前に起きた「海軍乙事件」だ。

この二つ、話をややこしくしてしまうので、本文に挿入するべきかどうか迷ったのだが、マリアナ沖はサイパン戦の一部とも言える戦い。しかも、冒頭の文章が示すように、連合艦隊が実質崩壊し、日本の劣勢を加速させた極めて重い意味のある戦いなので、省けないと判断した。

一方の海軍乙事件。連合艦隊司令長官、古賀峯一大将（死後、元帥）の搭乗機が行方不明となり、同大将が戦死した事案を指すのだが、事件はそれに伴う海軍の不祥事として知られる。それはマリアナ沖海戦の完敗、サイパン陥落に深く関係しているだけでなく、現代にも通じる、日本型組織の問題として語られることが多い。サイパン戦前の出来事ではあるが、説明が必要だと判断した。事件の経緯や問題点を明らかにしたのは、日米開戦をスクープするなど戦前から戦後にかけ大阪毎日新聞、毎日新聞東京本社で敏腕記者として活躍した後藤基治だ。後藤は人生の晩年、執念とも言える気迫でこの問題を取材し、貴重な記録を残した。


まず、マリアナ沖海戦。この海戦はミッドウェー海戦などに比べ、知名度は高くないが、日米合わせて空母24隻、航空機約１４００機が出撃した、太平洋戦争最大規模の海軍決戦だった。

米軍のマリアナ進攻前の時期、日本軍は空母、戦艦をフィリピン南西部の小島に待機させ、決戦のチャンスを狙っていた。そして、米軍のマリアナ出現の連絡とともに、撃退を狙ってフィリピン東方の海域に艦隊を進めた。米軍も上陸作戦をおこなったばかりのサイパンから素早く艦隊を移動させ、両軍は太平洋上で対峙する形になった。日本軍は空母９隻、戦艦５隻、航空機４００数十機を投入。一方の米軍は日本軍のほぼ倍の空母15隻、戦艦７隻、航空機９５６機が陣取った。

両軍がぶつかったのは６月19、20日の両日だ。この戦いの最大の特徴は海軍決戦でありながら、艦隊同士が相手を目視できない遠距離にあったことだろう。戦いは爆撃機、潜水艦による艦隊への攻撃と戦闘機同士の空中戦に終始した。結果は「大鳳」「翔鶴」「飛鷹」の空母3隻が沈没し、400機以上の航空機などを失った日本の惨敗だった。

この戦いを巡っては「アウトレンジ戦法」「レーダー」「VT信管」、そして「マリアナの七面鳥撃ち」という言葉が決まり文句のように出てくる。

アウトレンジ戦法とは、日本の戦闘機、爆撃機の航続距離が米軍機より長い特徴を利用し、米軍の反撃を受けない遠距離から攻撃を加える作戦。だが、米軍はレーダーを使い、事前に日本の軍用機の通過ルートを予想していた。飛行高度まで把握していたので、日本機より高い高度にいた。そのため日本機は遠距離を飛行した挙句、「自分たちを見下ろす形で待ち構える」米軍機に出くわすという、最悪の状況に陥ることになった。米軍パイロットが、簡単に撃ち落とされる日本機を見て「マリアナの七面鳥撃ち」と笑ったことは有名だ。

さらに米軍は「VT信管」という当時の科学力を駆使した新たな電波兵器を投入していた。砲弾にレーダー機能を持つ信管（起爆装置）を取り付け、信管が目標物を感知すると、自動的に爆発する仕組みだった。目標物に直接命中しなくても大きなダメージを与える新兵器は、高速で飛ぶ戦闘機に砲弾が当たりにくいという、それまで抱えていた問題を大きく解消した。空中で米軍機をかわし、米艦隊に近づくことができた戦闘機も、VT信管で威力が飛躍的に高まった対空砲火の餌食になった。

マリアナ沖では、米軍も航空機100機以上を失ったが、その大半は日本軍の攻撃によるものではない。日本艦隊を追った戦闘機、爆撃機が、遠距離飛行で燃料切れを起こし、空母に戻れず着水したり、空母着艦に失敗したりしたことによるものだった。

ちなみに、アウトレンジ戦法の失敗を巡っては、「飛行機乗員の技量不足」という指摘があるが、筆者はこの言い方には違和感も持った。空の戦いの犠牲者が増え、経験の浅いパイロットや操縦支援の搭乗員が駆り出されたことは事実なのだろうが、当時の機体には現在のGPSのような位置情報計測システムはもちろんない。偵察員と言われた搭乗員が天候、海面の様子などを観測しながら飛んでいた。目印のない太平洋の長距離飛行は、目的海域に到着するだけでも大変だったはずだ。

筆者は軍事専門家ではないが、戦闘機、爆撃機の航続距離が米軍機より長いというだけで戦いを制せるというのは、あまりに考えが単純ではないか。失敗理由の根底には、乗員の技量以前に軍幹部が相手（米軍）の力を甘く見ていたこと、相手の研究を怠ったことがあると筆者は思う。

「前夜、一瞬の歓喜」で、日本軍が日米艦隊決戦を「あ号」作戦と呼んで準備していたことを書いた。あ号は日本軍がシナリオを描いていた作戦名。マリアナ沖海戦はその計画を元にした実際の戦いの名前なので、厳密には違うものだが、基本的には同じと考えてよいと思う。マリアナ沖海戦は米国では「フィリピン海海戦」と呼んでいる。

一方の海軍乙事件。海軍乙事件は1944年3月末、パラオからフィリピンに向かっていた連合艦隊司令長官、古賀峯一大将が乗った機体が行方不明になり、その後殉職と認定されたことと、別機に乗っていた連合艦隊参謀長の福留繁中将がフィリピン国内で海に不時着し、一時消息を絶ったことを指す。

ただ現在、この事件が語られる場合、大抵、不時着後の福留に起きた出来事を指している。というのも、彼を捕らえたフィリピン人は、大戦中、陸軍中佐として地元ゲリラをまとめた米国人の鉱山技師、クッシングの指揮下にあったからだ。福留は日本軍による現地での交渉の結果、解放された。

問題なのはこの先で、当時の海軍は、ゲリラ部隊は「敵性が少ない」として、福留が拘束されたことを不問に付した。だが、戦後この問題を取り上げた戦史家やジャーナリストの多くが、福留は「実質捕虜」だったと考えている。元毎日新聞記者の後藤は、拘束中の福留に起きたことを、本人取材も含めて執拗に追った。その内容は著書『捕虜になった「連合艦隊司令長官」』にまとめられ、福留がクッシング中佐から酒のもてなしを受けたことまで明らかにした。

「生きて虜囚の辱めを受けず」で知られる戦陣訓は陸軍に出されたものだが、捕虜になることを認めない考えは海軍も同じだった。日本軍の幹部が米軍指揮下の部隊の拘束を受けるという事態は、当時の日本軍の考えからすれば、あってはならないことだった。

これだけでも問題なのだが、より大きな問題は、福留が持っていた軍の重要機密が米側に渡ったことだ。重要機密の中には「Z作戦」という、あ号作戦の原型となる計画書が含まれていた。

それが不時着の際に紛失し、ゲリラに渡ったとみられるのだ。これも福留は戦後、文書が渡ったことを否定しているのだが、米公文書館がインターネットで公開している太平洋戦史研究の文章には、ゲリラが入手した文書がクッシング中佐を通じて米軍最高幹部に届けられたことが書かれている。

現地ゲリラが偶然拾った書類鞄をクッシングに渡した。クッシングはいかにも貴重品という包装だったため、機密書類と判断し、米潜水艦を使って現地から運び出した。文書は英語に訳され、サイパンに迫っていた米海軍スプルーアンス中将の元にも届けられた。それはサイパン上陸7日前の6月8日だったという。

今書いたように、日本が米海軍の撃滅を狙ったあ号作戦は、Z作戦を踏襲したものだった。つまり、サイパン戦、マリアナ沖海戦に臨んだ米軍は、事前に日本海軍の動きを概ね把握していたのだ。福留の作戦計画書の紛失が、米軍に有益な情報をもたらしたことは間違いない。

そして、さらにもう一つある。これまで述べたことだけでも大問題なのだが、事件を巡っては次のことも指摘せざるを得ない。

フィリピンのゲリラ部隊から解放された福留は、米軍サイパン上陸日と同じ1944年6月15日、フィリピンを拠点とした第2航空艦隊の司令長官に就任していた。軍は問題を抱えた人物を昇進させたのだ。第2航空艦隊は同年後半、特攻隊を編成している。米軍傘下組織の拘束を受け、米軍中佐と酒を飲んだという話まである福留は、解放の半年後、なんと特攻隊を送り出す立場にいた。これをどう理解したらよいのだろう。NHKがネット公開している当時のニュース映画

「日本ニュース」を見ると、1945年1月の第241号に、福留がフィリピンで特攻隊員を激励する様子が写っている。

日本兵は誰だったのか

ここで、サイパンにいた日米両軍の編成について説明したい。

まず日本軍。

現地日本軍のトップは中部太平洋方面艦隊司令長官、南雲忠一中将（死後に大将）。参謀長に矢野英雄少将（同中将）が就いた。ただ南雲は海軍なので、陸上戦は陸軍第31軍が指揮することになり、司令官に小畑英良中将（同大将）、参謀長に井桁敬治少将（同中将）が就いた。傘下に第43師団（師団長・斎藤義次中将）をはじめ陸海軍の各部隊が配置された。サイパンには海軍の高木武雄中将（同大将）率いる潜水艦部隊もあった。

陸軍第31軍はマリアナ諸島やパラオ諸島、小笠原諸島など広大なエリアを担当し、兵力は10万人規模に達した。『サイパン島作戦』（陸上自衛隊幹部学校修親会）によると、このうちサイパンには2万8500人余りが送られた。海軍も1万5000人余りいた。それまで海軍「第5特別根拠地隊」があるだけだったサイパンは、陸海軍計4万人超の合同部隊が詰める島となった。

ただ、司令官の小畑中将は1944年2月にサイパンに着任しながら、パラオ視察に出向いた際、米軍の本格攻撃が始まり、サイパンに帰れなくなってしまった。グアムまでしか戻れず、同島で指揮を執り、戦死した。小畑不在の中、サイパン陸戦の指揮は第43師団の斎藤師団長が務めた。

第43師団は着任までの経緯も複雑だ。中部太平洋に最初に派遣された陸軍部隊は、第13師団の先遣隊だったが、別の作戦への参加で派兵が中止となり、その代わりに満州の関東軍から第14、第29の二つの師団を派遣することが決まった。しかし、第29師団は1944年2月末、輸送船団が米軍の魚雷攻撃を受け、中でも崎戸丸は犠牲者2000人規模の大惨事に見舞われる。一部の兵士が何とかサイパンに上陸したが、多くの連隊が壊滅状態になった。サイパンには50連隊の一部が残った。

第29師団とともに、マリアナ派遣が決まった第14師団も結局、サイパンには向かわなかった。同師団は中国大陸での戦いぶりが評価されていたが、米軍がパラオに進攻すると予想した大本営が、派遣先をパラオに変更したのだ。そして、第29、第14両師団の穴を補うために召集されたのが、サイパン陸戦の主力となった第43師団だった。

第43師団は「誉部隊」の別名を持ち、司令部を当初、チャランカノアの国民学校に構えた。だがこの師団、名前どおりのイメージではなかったようだ。着任当初からどこか頼りないイメージを住民にも与えていた。

筆者の推測だが、頼りなく見えた理由は主に二つある。まず、急ごしらえの部隊だったことだ。1943年編成の同師団は、当初は名古屋地区の防衛、警備を主な任務にしていたが、今説明し

サイパンの日本軍将兵

た理由から翌1944年4月7日、サイパン派遣が決まった。斎藤中将の師団長着任自体、派遣決定前日の4月6日だった。

師団中核の愛知、岐阜、静岡3県では、2、3回入隊歴がある人や、中国大陸から戻り、除隊したばかりのような人も含め、「赤紙」で知られる召集令状が次々に送られた。ある本には4月16日に令状が届いた人の話が載っている。部隊のサイパン到着は第1陣が5月19日。第2陣は米軍の上陸6日前の6月9日。陣地の構築や現地での実戦訓練の時間はほとんどない。兵士はサイパンの地理も把握できないまま、米軍を迎えることになった。

もう一つは兵士として比較的、年齢の高い人が多かったことだ。

戦後書かれたさまざまな文章から、20代後半から30代の兵士が多かったと推測できる。20代後半から30代は、高齢と呼ぶ年齢ではないが、兵士としては若いとも言えない。元住民が戦後残した記述の中には、親しみを込めて「おじさん」と呼んだ兵士がいたことも書かれている。

次項で説明するが、米軍の海兵隊員は明らかに若者だった。20代前半の兵士が多かった。厳しさで知られる新兵訓練「ブートキャンプ」を受けていた。20代後半になると、誰しも体力が下り坂になるものだ。樹木が生い茂る熱帯の山での年齢差は日本軍に不利に働いたろう。

ちなみに年齢が比較的高かった第43師団には、それゆえの別の特徴もあったと筆者は考えている。

日本軍の兵士の中には、民間人に横暴に振る舞う兵士が多くいた。それは疑いない。第43師団もそうだったろう。ただ、自分の家族を故郷に残し、小さな子どもを持つ人が多かった同師団には、民間人に優しく接する兵士も少なくなかったようだ。それは住民が残した文章や証言から分かる。

隣のテニアン島の元住民の話だが、筆者自身、高齢の兵士と洞窟で一緒に過ごした経験を聞いたことがある。自決するべきかどうか迷っていたその人の家族は、兵士から「頑張って生きるんだ」と励まされた。元住民は、兵士自身に自分の家族がいたことが、優しい声かけにつながったと考えているようだった。元住民は「今私が生きているのは、あの兵士のおかげ」と筆者に説明してくれた。

第29師団の歩兵第50連隊についても簡単に触れたい。この部隊は長野県の松本が駐屯地で、「松本連隊」と呼ばれることもあった。土地柄、山岳地域の活動に強く、今も松本市の信州大学キャンパス内に部隊の建物跡がある。

学徒動員が多かったようで、サイパン高等女学校の生徒だった奥山良子は、勉強を教わったことを自著『玉砕の島に生き残って』に書いている。

「松本連隊は若いインテリ兵が多かった。大学に在学中だという2、3人の兵隊さんが勤労奉仕に明け暮れて、ろくに勉強のできない私たちのことを気の毒がり、よく教えてくれた」と著書に感謝の言葉をつづっている。

米兵は誰だったのか

では米軍。サイパンに進攻した米軍はどのような組織だったか。米兵はどんな人たちだったのか。

当時の米海軍のトップはアーネスト・キング（最終は元帥）だ。米艦隊司令長官と米海軍作戦部長を兼務し、フランクリン・ローズヴェルト大統領との深いパイプもあった大物軍人だ。太平洋戦略の重要性を早くから認識し、マリアナ諸島の基地建設を強く主張して実現させた。ただ、くせの強い人物だったようで、脇に組織管理能力の高いチェスター・ニミッツ米太平洋艦隊司令長官（最終は元帥）を従えた。ニミッツは日本で最もよく知られる当時の米軍人の一人だ。

海軍を代表し、政権や陸軍に意見する立場のキング、ニミッツに対し、太平洋の海軍で現場指揮のトップを担ったのはニミッツの参謀役、レイモンド・スプルーアンス第5艦隊司令官（大将）だった。

スプルーアンスは外見も性格的にも地味なタイプだったが、優れた判断力で軍中枢部の信頼を得ていた。米国本の訳本『提督スプルーアンス』によると、常に「もし自分が日本軍の指揮官だったらどうするだろうか」と考え、戦術を組み立てていたという。重巡洋艦「インディアナポリス」などを旗艦として、沖縄戦に至るまで海軍を指揮した。サイパンでは、スプルーアンスの下で海軍のマーク・ミッチャー中将が航空隊を指揮し、海兵隊のホーランド・スミス中将が水陸両用作戦と内陸戦を指揮した。スミスはすぐ激怒することから、「マッド・スミス」と呼ばれた人物だ。

米軍は太平洋戦線でいくつもの海兵隊、陸軍の師団を投入しているが、サイパンには海兵隊第2、第4師団と陸軍第27歩兵師団を充てた。米国の翻訳本『死闘サイパン』（ロバート・シャーロッド著、中野五郎訳、1971年）によると、兵力は海兵隊が約4万8000人、陸軍が約2万人だった。ハロルド・ゴールドバーグという米歴史家がサイパン戦を詳しく調べた『太平洋のDデー』という本では計7万1000人となっている。

筆者はサイパンに進攻した米軍、米兵の特徴を、日本軍との比較も含め4点に整理した。

まず一点目。投入兵員数、砲弾とも日本軍を上回り、特に砲弾、弾薬量は日本軍を圧倒した。弾薬量の多さは、サイパン戦の直前に起きたある出来事も示している。1944年5月21日、ハワイ・オアフ島の真珠湾で起きた「ウェストロック大爆発」と呼ばれる爆発事故だ。サイパン戦に向け、戦車揚陸艦に積み込んでいた燃料と弾薬が爆発し、『太平洋のＤデー』によると、少なくとも１６３人が死亡、約４００人が重軽傷を負った。今も現地で追悼がおこなわれる大惨事で、いかに多くの弾薬を持ち込もうとしていたのかが分かる。

二点目は陸軍、海兵隊のいくつもの師団をローテーションを組んで派遣したことだ。休養と訓練期間を必ずはさみ、効率的運用を目指した。

サイパンで戦った海兵隊第２、第４師団のケースでは、第２師団は主にガダルカナル島、タラワ島、サイパン、沖縄の各戦いに、第４師団は主にクェゼリン環礁（マーシャル諸島）、サイパン、テニアン、硫黄島に充てられた。戦い前の予行演習も重視していて、第２、第４師団はサイパンを想定した上陸訓練をハワイでおこなっている。

筆者は日本兵の間で「俺たちは死ぬまで休めない」という冗談が出た話を読んだことがあるのだが、日本軍は休養を取り、部隊を効率よく運用することなど考えなかったようだ。これは現代の過労死問題にも通じる。

三点目は、日本兵より平均年齢が若かったとみられることだ。

日本軍の主力、第43師団が20代後半から30代が多かったことは先に述べたが、米軍の前線の兵士の平均年齢は、従軍記者のロバート・シャーロッドによると、20歳から22歳程度だった。つまり、大学生の年齢だった。

そして、四点目。日系兵部隊や黒人部隊など同じ人種でつくった部隊があった。今の米軍では一つの師団にさまざまな人種が混在するのは当たり前だが、当時はそうではなかった。

サイパンの米軍・黒人兵部隊。乗っている自転車は
住民が逃げる際に捨てていったものと思われる
（1944 年 6 月、米国立公文書館所蔵）

日本語を話せる日系兵部隊が、太平洋の各戦場や収容所運営でさまざまな役割を担ったことは知られるが、サイパンでは黒人部隊もあった。米軍事史の解説本を読むと、米国建国以来、黒人兵は常に存在し活躍してきた。しかし、正規の兵士としてではなかったという。19世紀の奴隷解放後も使い捨てにされてきた。身分や保障もないまま、後方支援の役割を背負わされてきたという。それが第一次世界大戦から第二次大戦の時期に変革期を迎え、サイパン戦でも黒人だけの戦闘部隊（シャーロッドによると約８００人）がつくられた。米軍史の中では珍しい試みだったという。

もちろんサイパンの日本人がそんな歴史的意味を知る由もないが、日本の民間人が戦後書いた文章には、多くの黒人兵に関する記述がある。黒人兵は多くが戦闘の最前線にいた。そのため米軍から逃げ続けた人たちが「もう逃げられない」「目の前に敵がいる」という場面になり、黒人兵と顔を合わせることになった。米国人＝白人と思っていた人にとって、死を覚悟した時に初めて見た米国人が黒人兵だったことは、強い印象を残したようだ。日本の民間人が残した本には、そんなエピソードがいくつも出てくる。

このほかサイパンでは、米先住民のナバホ族の言葉を暗号として使った「コードトーカー」と呼ばれる同族出身者の通信兵がいたことも知られる。

今挙げたうち、「兵士は若かった」と書いた三点目について補足したい。日本で太平洋戦線の米兵というと、最新の武器を持った恐ろしい人間のようなイメージで語られることがあるが、実際は違うと感じる。戦争さえなければ、どこにでもいる普通の若者だったと筆者は思う。

サイパン戦で米軍の主力だった第2海兵師団は、ガダルカナル島、タラワ島、サイパンから沖縄へと、激戦地を渡った部隊だ。彼らにとって唯一とも言える生活を楽しんだ場所は、ガダルカナル後の1943年頃、一時的に駐留したニュージーランドの首都ウェリントンだったようだ。

日本軍が南半球まで来るのではないかと脅威を感じていた当時のニュージーランドにとって、米軍は頼もしい存在で、住民から大歓迎を受けたという。20歳前後の若者が多かった第2師団の兵士たちも、彼らが「キーウィガール（キーウィはニュージーランドで親しまれている同国固有の鳥）」と呼んだ現地女性の間で人気者になった。多くのカップルが生まれたという。さらに若い未熟さもあってか、酒場を飲み歩いて現地男性を見下す態度をとる者まで現れた。ウェリントンの「マナーズ通り」という所では、それに腹を立てた地元男性たちとの間で、今に語り継がれる大乱闘事件まで起きた。

そんな大人になり切れない者もいた第2師団の兵士たちも、ニュージーランドを去った後、赤道直下のタラワ島に派遣された。そこは「血のタラワ」と呼ばれることになる激戦地だった。ニュージーランドで楽しい思い出をつくった兵士の多くも、この小島で命を落とした。

本書に繰り返し書いているが、サイパンでも沖縄でも米軍の前線兵の犠牲は決して小さくない。戦争がなければスポーツやデートを楽しみ、時には友人とバカ騒ぎするような、どこにでもいる若者だったと思う。彼らの多くも太平洋の島々で理不尽な死を遂げた。

Ⅲ　タポチョ

山中の日本軍

「『進め』　私は二十数名の兵とともに敵陣に斬りこんだ。眼前の敵兵が壕から躍り上がるように飛び出してきた。軍刀を斜めに払った。ガッという手応えがあった。敵兵のゆがんだ顔と悲鳴が上がった。大木のような巨体が倒れた。彼我入り乱れての白兵戦となった。（中略）敵！と思った時、いち早く軍刀を突き刺していた。狂ったような悲鳴を聞いた」

田中徳祐という元陸軍大尉が１９８３年に出版した『我ら降伏せず』という本の一節。米軍に打撃を与えた時のことを書いている。

日本軍の水際撃滅が失敗し、米軍が上陸、飛行場を占拠したサイパン。米軍はマリアナ沖海戦で一時島を離れた船団も戻り、6月22日、内陸への本格進軍を始めた。対する日本軍も陸軍第43師団がチャランカノアに設けていた司令部をヒナシス（現在この地名を日本語で表記する場合は「フィナシス」となる）の丘陵地域の自然洞窟に移し、米軍を迎え撃った。戦いの舞台は海岸から山中へと移った。

砲弾量や武器の性能で大きな隔たりがあった日米両軍だったが、海岸同様、密林に覆われた山中の戦いも、米軍が一方的に攻める展開ではなかった。実際に米軍はかなり苦戦した。日本軍は山間部の地形が複雑で洞窟が多いことを利用し、道脇の穴や木々に身を隠した。米軍の歩兵や戦車が通過する場所はある程度予測できたので、物音を立てず暗闇から襲撃のチャンスを狙っていた。

日本陸軍の伝統的戦い方は刀や剣を使った「白兵戦」と呼ばれるが、米兵はこの接近戦を嫌った。日本兵は刀で斬り合う、いわゆる「チャンバラ」、米兵は西部劇の決闘シーンに出てくる銃の早撃ちのような戦いを、心のどこかでイメージしていたのかもしれない。加えて日本軍が「肉弾戦」「肉迫（肉薄）戦」と呼んだ体当たり攻撃も米兵の脅威になった。「肉弾戦」は日露戦争の激闘を描いた当時の戦争文学で使われた言葉だという。元々は、決死の突撃を比喩的に表現した言葉だったようだが、サイパンでは実際に自分の体に爆薬を巻き付ける、文字どおりの意味になってしまった。

米軍を最も苦しめたのは、自然洞窟が多いタポチョ山の南東側山麓だった。米軍はそこを「デスバレー（死の谷）」と名付けた。日本軍はその時、司令部を東海岸近くのチャチャという場所に移していて、山頂を目指す米軍の進軍阻止に全力を傾けていた。

山中の戦いで日本軍が効果的に使ったのは、地雷と持ち運びが便利な軽迫撃砲だった。地雷は

戦車に身を隠しながら慎重に山中を進む海兵隊員たち
（1944年7月、米国立公文書館所蔵）

「アンパン」と呼ばれた円形の「九三式戦車地雷」が代表格。米軍の通過ルートを事前に予測し、気付かれないように埋めた。戦車の装甲にくっつけて爆発させることを狙った磁石式地雷もあった。頑強さを誇った米軍のM４中戦車も地雷の直撃を受けて故障を起こし、動けなくなった。山中では地雷除去作業の兵士や遺体回収に来る衛生兵が日本軍の格好の狙撃対象だった。木と木の間に、注意深く見なければ分からない細いワイヤーを張り、引っかかった米兵を襲った。

太平洋戦争に関する多数の著書がある米国の戦史家ジェームズ・ハラスの『サイパン』によると、第２海兵師団の犠牲者は、山中の進軍を始めた２日目の６月23日は死者26人、負傷者92人だったが、進軍４日目の６月25日には死者36人、負傷者１５０人に増えた。

苦戦した背景には、「日本軍は１万数千人程度だろう」と過小評価していた事前の推測ミスがあるのだが、海兵隊中将が陸軍少将を「戦意不足だ」として更迭する人事案件に発展した。更迭したのはホーランド・スミス海兵隊中将、更迭されたのはラルフ・スミス陸軍少将だった。この解任劇は2人の姓がともにスミスだったことから、「スミス&スミス事件」と呼ばれ、米国では陸軍が海兵隊から屈辱を受けた異例の人事騒動として知られる。

ただ、米軍を苦しめた日本軍の肉弾戦、肉迫戦にも限界があった。

「砲弾の飛来する音は、弾道が高いか遠いときはヒューっと澄んだ笛の音に似ている。ホッホッホッホッと人の笑い声に似た音は弾道が近い。直撃弾に近い場合は、ろうそくの火を消す人の息吹のようにフーっという。その音を聞いた者は多分その何分の一秒後に死者の仲間入りをしなくてはならない」

これは第43師団の元兵士、山内武夫が著書『怯兵記』の中で、米軍の砲弾の種類の違いを音で説明した文章だ。圧倒的な火力の前に、次第に受け身一方になった日本軍。絶え間ない砲弾の嵐が日本兵を追い込んでいった。

6月25日。米軍は日本軍の粘り強さに苦しみながらも、山頂下の急斜面をよじ登り、タポチョ山頂攻略に成功した。今のようにドローンなどない時代だ。島を360度眼下に見渡せ、日本軍の動きを常に監視できる場所を押さえたことは、米軍にとって大きな意味があった。

さらに同30日、島で数少ない水源「ドンニーの水源」を奪う。日本軍はその後、のどの渇きにも徹底的に苦しめられることになる。山頂と水源を奪った米軍、奪われた日本軍。本来はここで勝負がついた状態だった。

この頃には、島内のあちこちで目を覆うような惨状が展開するようになる。山中には放置された日本兵の遺体が増え、高温多湿のジャングルで、あっという間に白骨化していった。戦車第9連隊の元隊員で15か月の敗残兵生活を送った下田四郎は著書『慟哭のキャタピラ』の中で当時の状況をこう書いている。

「夜間、ジャングルを歩くと、月の光を受けて遺体が不気味に浮き上がった。しかし、この遺体が道標の役をつとめた。私たちは合掌し、語りかけ、その前を通りすぎた。遺体はいつの間にか白骨化し、風化していった」

当時14歳のサイパン高等女学校の生徒だった奥山良子や、山形移民の子でガラパンで水産会社に勤めていた菅野静子は、自身が見た悲惨な兵士の様子を著書に克明に記録している。

「一面に軍刀や鉄かぶと、手帳、写真などいろんな兵士の所持品がちらばっていた。さらに行くと将校や兵士たちの無残な戦死体が、足の踏み場もないほど折り重なって倒れ、月光がそれらを静かに照らしている。戦車のキャタピラで引きちぎられた戦死体は正視できなかった。引きちぎられ、押しつぶされ、はねられたのだろう。半分に切断された体や、腹部から飛び出した内臓が辺りに散乱していた」（奥山良子『玉砕の島に生き残って』）

山中に逃げた後、志願看護師になった菅野も著書『サイパン島の最期』の中で、この時の体験を詳しく書いている。

屋根もない山中の平らな場所に兵士を寝かしているだけの野戦病院で、彼女は負傷兵の手術や治療の手伝いを始めていた。

そこは苦しげなうめき声や水を求める声が響き、異様な異臭が漂う場所だった。爆弾で手足をもぎ取られた兵士がいた。あごが砕けて話すことができない兵士もいた。手のほどこしようのない兵士は軍医も寄りつかず、死んでも放置されたままで、遺体は日に日に増えたという。

彼女は腹ばいのまま全く動かない兵士の生死を確認しようと、声をかけた出来事を書いている。その兵士は生きていたが、片目の眼球がえぐり取られ、空洞になっていた。

「『苦しいですか』声をかけてみた。

兵隊さんは私の声の方に少し顔を向けた。その瞬間、私は思わず『アッ！』と言ってしまった。ピンポンの玉ほどの大きさに、黒い目玉が飛び出していて、しかもそれが動いている。だがよく見ると、それはウジであった。顔を動かしたのでボロボロ落ちる。

私はウジは白いものとばかり思っていたが、実際には黒く見える。（それが）密集しているから、黒い目玉のように見えたのだ。さすがに薬を持つ私の手は震えた」

多くの遺体が散乱した島で、ウジが爆発的に発生したことは、米国の本にも書かれている。

菅野の本には、死を前にした兵士の多くが、激しい苦痛と絶望の中、故郷や両親、子どものことを語ったことも書かれている。

タポチョ山頂に米軍が到達した翌6月26日、軍司令部はその北にある電信山と呼ばれた低山のふもとに移動した。月末にはさらに北側の「地獄谷」と呼ばれた谷に後退する。

この項でもう一つ書かなくてはならない大切なことがある。それは日米間で激しい攻防戦が繰り広げられていた6月24日から25日にかけ、大本営がサイパン放棄を決定したことだ。

「六月二十四日陸海両総長は、中部太平洋方面の情勢に応ずる今後の作戦指導について上奏し、サイパン奪回企図放棄のやむない事情について申し上げ、その結果翌二十五日元帥会議を召集して意見を徴したが、特別な論議もなく両総長の内奏した奪還作戦の中止、後方要線戦備強化の企図を承認する旨決議奉答されたのであった」

これは旧防衛庁の戦史室が出した『中部太平洋陸軍作戦』の文章だ。「実質的にサイパンは放棄されることになり」と続けている。両総長とは陸軍作戦の最高責任者であり、首相と兼務していた東条（東條）英機参謀総長と、海相と兼務していた嶋田繁太郎軍令部総長のこと。上奏とは事情、意見を天皇に申し上げることを意味する。

太平洋戦争を巡っては「なぜ戦争を止められなかったか」という議論がよくおこなわれる。だが、この決定に関しては逆に「なぜ早々と撤退を決めたのか」という疑問になってしまう。連合艦隊が壊滅的打撃を受けた中、戦力を立て直し、あらためて総攻撃を加えるという考えがあったようだ。実際にその後、何回か、サイパン奪回作戦が試みられた。

しかし、それにしてもだ。

戦っている兵士たちは「友軍（日本軍）」が助けに来てくれると信じていた。兵士が投降を拒んだ理由の一つに「日本がサイパンを奪還した時、自分が捕虜になっている事態は絶対に避けたい」ということがあった。激戦の中、作戦の最高責任者が奪回断念を決めていたとは、兵士は思いもしなかったろう。

奪われたら日本本土が空襲にさらされることが分かっていたサイパン。それなのに政府、大本営は、あっさりと放棄を決めた。

卑怯、卑劣だった

「ある夜、日本兵は我々のいる場所を探ろうと、民間人を戦場の前線に並ばせていた。我々は日本兵が何をしようとしているのか分からなかったが、彼らは（我々を狙える）射程内に入ると、銃を撃ち始めた。そして、女性たちや子どもたちまで殺してしまったんだ」

筆者の前に置かれたノートパソコンから流れる老人の声。

東京都内の喫茶店にいる筆者は、米国の太平洋戦争国立博物館（テキサス州）がインターネットで公開している元米兵らの戦争体験を集めたアーカイブ事業の音声を聞いている。ウェブページに記された説明によると、声の主はジャック・ギルブレスという元海兵隊員（１９２５年生まれ）。インタビューは今から約20年前の２００５年、ギルブレスが80歳の頃、おこなわれた。

サイパンでの米兵の活躍などを早口に話していたギルブレスは、「銃を撃ち始めた」のところで、急に涙声になった。そして、「女性たちや子どもたちまで」と言うと、気持ちが高ぶったのか、言葉が出なくなってしまった。

ギルブレスは「探ろうとしていた」とだけ話しているが、銃を撃ち始めた状況を考えると、民間人をおとりに使い、米兵をおびき寄せようとしていた可能性がある。サイパン戦当時20歳にも達していなかったギルブレス。戦場で多くの死を目撃したはずだが、戦後60年がたってもなお脳裏から離れなかったのは、目の前で起きた女性や子どもの惨劇だったようだ。


日本兵による民間人を使ったおとり作戦は、元日本兵らの体験記など日本で出された本や文献、資料にはほとんど出てこない。少なくとも筆者は読んでいない。しかし、米国の元将兵らが語った証言や記録には、筆者が確認しただけでもいくつも出てくる。

『太平洋のDデー』にも、子どもを使った手口が書かれている。証言したのはフレデリック・スコットという海兵隊将校。

「日本軍は子どもを洞窟の外に出し、米兵に助けを求めるように指示していた。『助けてください。中にけがをした女性や子どもがいるんです』と言わせたんだ」

日本兵は洞窟の中で、米兵が入るのを待ち構えていたという。

太平洋戦線の海兵隊員の活躍を伝える新聞記事などをまとめ、1947年に出版された『太平洋の海兵隊』にも同様の話がある。ジム・ルーカスという中尉の話として、日本軍が、米兵が潜む場所を探るため、子どもたちを利用していたことが書かれている。

「日本兵は子どもたちを自分たちの前に歩かせていた」

サトウキビ畑で、米兵にわざと気付かれるように、走ることを命じていたという。

太平洋戦争の民間人犠牲を詳しく調べた米国人教師、アレクサンダー・アストロースが出した『サイパンとテニアンの集団自決、1944年』（2019年）には、ある米兵の驚くような証言も書かれている。

「私はある時、3人の美しい裸の日本女性を見つけた。最初、幻覚かと思ったが、本物の女性だった。彼女らは前かがみの姿勢で、お尻をこちらに向けている。首をかしげ、微笑んでいるようにも見えた。仲間の1人は『美しい女性だね。解放してあげよう』などと話していた。その時だ。日本兵が両サイドから我々を撃ってきた」

裸の女性をおとりにして米兵を油断させたという話。それが事実であれば、ひどい話だ。証言者はスタン・エリスという海兵隊員。「（女性を使うなんて）なんてひどい奴らだ」とエリスが叫んだことも書かれている。

軍国主義教育が徹底していた時代。女性の中にも積極的に日本軍に協力した人がいた。しかし、それにしてもだ。いくら戦争、戦場とは言え、「人としてやってはいけないことがある」と筆者は思う。


民間人の戦闘利用のような卑劣な話とは少し違うが、米兵をだます作戦、裏をかく作戦、米兵から見て卑怯な作戦。日本軍はそうした作戦をいくつもおこなっていた。

代表的なのは「死んだふり」だ。『サイパンとテニアンの集団自決、1944年』は、ある元海兵隊員の話を紹介している。

「我々が進んでいると、爆弾貯蔵庫として使っていたとみられる穴があった。日本兵の死体らしきものが見えたので、小部隊4人のうち1人が中を調べようとした。その時だ。日本兵は実は生きていた。調べに入った者は撃たれ、死んでしまった。日本兵は死んだふりをしていたんだ」

サイパンの日米の攻防を詳しく調べた『太平洋のDデー』にも、こんな話がある。

「ある通信兵は日本兵の死体らしきものを道ばたで見つけた。しかし彼は唇が口にまとわりついたハエを追い払うため、かすかに動くのに気付いた。そばには銃剣があった。彼は『油断していたら、自分が彼の銃剣で突かれるところだった』と話した」

この本によると、こうした経験から米兵は日本兵の死体の横を通る時、必ず死体に1発ずつ銃弾を撃つようになった。

「投降するふり」もある。

『太平洋のDデー』には、投降するそぶりで現れた日本兵が、脇の下に手榴弾を隠していたことが書かれている。

「米兵の前で手を挙げた際に、脇の下にはさんだ手榴弾が落ち、爆発する。日本兵はそれを狙っていた」

民間人になりすます兵士もいた。

『サイパンとテニアンの集団自決、1944年』には、手榴弾を持った日本兵が民間人を装い、米軍が占領したエリアに潜り込もうとしたという話が書かれている。テニアン島でのことだが、日本兵が民間人と服を交換していたという目撃談も載っている。

「ダミー（模造品）作戦」も得意にしていた。

布製の飛行機、椰子の木などを使った砲身や砲台、コンクリートブロックを積み上げた小屋、日本の農村の「かかし」を思わせる兵士姿の人形。日本軍が繰り出すさまざまな模造品は、米兵をだますことにある程度成功した。米兵に空振りの射撃をさせ、彼らの位置を確認することが主な狙いだった。

ちなみに今述べたうち、軍人が民間人になりすまそうと、服を交換していたことについて補足したい。

これは結構、複雑な話で、『サイパンとテニアンの集団自決、1944年』によると、米軍の前線に潜り込むため民間人の服装をした人がいた一方、民間人の方が攻撃を受けにくいという理由から、軍服を脱いだ兵士もいたようだ。

民間人が軍服を着ているケースも少なくなかった。同じく『サイパンとテニアンの集団自決、1944年』によると、軍服姿の女性もいた。本書の「バンザイ突撃」の項であらためて触れるが、米国で出されたサイパン戦の本には、戦闘に加わっている女性を見たという目撃談が載せられている。

こうした女性が軍服を着ていた可能性がある。ただ一方、軍服が服として長持ちするという理由で着ていた人、古着として出回っていた軍服を持っていただけの人もいたようだ。

そもそもこの時代は、民間人の服もカーキ色など地味な色が多い。派手な色、明るい色の服など着ていないのだ。服装、軍服の問題は結構ややこしい。軍人と民間人を服装で区別しにくいという問題は、米兵にとっても悩みの種の一つだった。

米軍、これは残虐だった

では米軍、米兵はどうなのか。

米軍側にも人道に反した残虐、卑劣な行為があった。米兵の証言にもそういう話がある。

「『連れてきた日本人は（民間人でも）崖に連れて行き、全員撃ち殺せ』。上官はそう言ったんだ」

米ニューヨーク州軍事博物館が元将兵を対象におこなった戦争体験のインタビュー事業。インターネットで動画も公開されている。陸軍第27歩兵師団の下級将校だったジョセフ・メーガン（1922年生まれ）という人は2001年、サイパンでの出来事を話している。

メーガンは島北部で数十人の民間人のグループを投降させることに成功した。収容所に連れて行くつもりだったが、上官が思いもしなかったことを命じた。民間人グループは女性が多く、メーガンが躊躇していると、上官は「今、言っただろう。全員撃ってこい」とあらためて命令した。メーガンがなかなか動こうとしないので、別の下士官が集められた人たちを殺してしまったという。

『サイパンとテニアンの集団自決、1944年』によると、米軍には「兵士の殺害と民間人の殺害は全く別だ」と書かれた手引書があり、「我々に向かって来ない民間人の殺害は、単なる殺人だ」という指導を兵士にしていたという。上官の命令は明らかに軍の方針に反したものと思われる。

インタビューでメーガンは聞き手に「あなたは戦場の残虐行為の話をしているんだよね。それなら一つ教えてあげよう」と、自ら話を切り出している。軍事博物館がおこなったインタビューなのだが、軍への遠慮は感じられない。メーガンはこの時、79歳。人生の晩年を迎え、戦場の真実を話すべきと考えたのではないだろうか。

収容された日本人が見た話の中には、日本兵の遺体が積み上がった場所で、米兵が白骨化した頭蓋骨を拾い、投げ合って遊んでいたという、信じられないような目撃談もある。

米軍の残虐さという視点で言えば、将兵の行為以上に問題にするべきことがある。この時期、米軍は非人道的な兵器、残虐な武器を次々に開発していた。その極みが原子爆弾なのだろうが、兵士に持たせた個々の武器も、殺傷能力の高いものを次々に生み出していた。

マリアナ諸島の戦闘を解説した米国本『サイパン　テニアン1944』（オスプレイ社）によると、サイパンでは「M2―2型」という火炎放射器や「ナパーム剤」という新たな燃焼剤が使用された。

火炎放射器はその後の硫黄島や沖縄でも使われた、穴の中の掃討作戦などに威力を発揮した兵

米軍は火炎放射器を戦車に取り付け、火力を増強して噴射させた
（1944年7月、米国立公文書館所蔵）

器だ。米軍は携帯式の火炎放射器だけでは満足せず、洞窟の奥深くまで火が届くように、火力を強めたタイプを戦車にも取り付けていた。火炎放射器はまさに洞窟に潜む日本兵の恐怖の対象だった。

炎は、民間人にも襲いかかった。

ロバート・シークスという海兵隊通信兵の戦争体験をまとめた『ある海兵隊員の戦争』（ゲラルド・ミール）には、火炎放射器で全身やけどを負った女性の話が書かれている。

「女性はひどいやけどを負っていた。服は黒くボロボロで、皮膚は真っ赤だった。ただ胸が痙攣し、かすかに呼吸をしていることが分かった」

シークスは近くの海兵隊員から医薬用鎮痛剤のモルヒネを受け取って彼女に注射し、苦痛を和らげてから、その死を見届けたという。

太平洋戦争中に開発された油脂焼夷剤「ナパーム」も悪名高い。粘着性が高く、「ゼリー状のガソリン」と説明されることもある。

付着すると消火は極めて難しく、またたく間に燃え広がる。その効果に喜んだ米軍は、ナパームを噴射する「火炎放射車」や、ナパーム剤を入れた焼夷弾「ナパーム弾」をつくった。太平洋戦線ではサイパン戦後のテニアンの戦闘でも実戦投入され、その後、日本空襲の焼夷弾として大量に利用されることになる。さらに朝鮮戦争やベトナム戦争でも使われた。

現代でも非人道性が批判される「黄リン弾（白リン弾）」も、サイパン戦でも使われていた。熱帯のような高温地域では自然発火が起きやすく、一度発火すると簡単には消すことができないという。

米海軍の水兵だったジェームズ・フェーイーという人が1963年に『太平洋戦争日記』という自身の戦争体験の本を出版しているのだが、この人は1944年7月13日の日誌に、サイパンの従軍記者から聞いた話を書いている。記者はフェーイーに「洞窟の前で、兵士が黄リン弾を持って待ち構えているのを見た。中にいる日本人が投降を拒否したら、洞窟に黄リン弾を投げ入れるつもりだ」と話したという。

黄リン弾は沖縄では現代に続いている問題だ。

2015年2月、沖縄県衛生環境研究所が発行した「衛環研ニュース」は、沖縄市の川で、消そうとしてもなかなか消えず、煙を出しながら発火を繰り返す「燃える石」が見つかったという記事を載せた。実際は石ではなく、石に付着した黄リンが燃えていたという専門家の見方を紹介した。「黄リンは第2次大戦中、黄リン弾として使用された記録が残されており、現在でも、その不発弾が発見されています」と県民に注意を呼びかけた。

卑劣、卑怯、残虐とは違う話になるのだが、日本軍になく、米軍にだけ出てくる話をいくつか紹介する。

まず、米兵の間でブームだった「戦利品漁り」について。サイパン戦に関する米国の本では、戦場の「スーベニア（土産品、記念品）」という言葉がよく出てくる。

人気の品は軍刀と日の丸の旗（日章旗）。米国にない日本刀の鋭さを持つ軍刀は、銃社会で育った米兵に強烈な印象を与えたようだ。サイパン戦の写真を多数掲載している『サイパンの戦い　太平洋戦争写真史』にも、日本兵から奪った軍刀で日本兵を殺し、満足げな表情を浮かべる米兵の写真が載っている。

日章旗は今も時折、米国で元米兵の所持品から見つかったというニュースが流れるので、聞いたことがある読者も多いと思う。

「どうしてこんなに大きなものを持ち出したのだろう」と驚くのは、戦前ガラパンの南洋寺にあった鐘だ。

南洋寺の鐘は、東京文京区の源覚寺にあったものが1937年、寄進されたのだが、戦争を境に行方不明になっていた。それが戦後の1965年、米テキサス州で発見され、関係者の努力で

1974年に日本へ帰国したのだ。鐘は今も源覚寺に置かれ、参拝者に親しまれている。

土産とは到底言えない「盗み」や「強奪」もあった。

米軍の中には日本兵の死者の口から金歯を抜く悪質な盗みをする兵士がいた。

若い兵士らしい強奪品もあった。オートバイだ。

多くの日本兵を洞窟から連れ出したことで知られる、メキシコ系米国人のガイ・ガバルドン（1926年生まれ）という元海兵隊員がいる。当時18歳だった彼は、戦後書いた著書『サイパンスーサイド・アイランド（自決島）』の中で、山中で日本軍が乗っていた「ハーレーダビッドソン」を奪ったという話を書いている。彼は元々オートバイ好きで、日本兵が持っているオートバイを見た時、すぐに「ハーレーがどうしてこんなところにあるんだろう。あれを奪ってやる」と心に決めたという。

ガバルドンが奪ったオートバイ。彼は本物のハーレーと思ったようだが、実際は「和製ハーレー」と呼ばれた日本軍愛用の「陸王」だったと思われる。

日本のモーターバイクの雑誌に掲載された記事によると、日本軍は昭和初期にバイクを導入した。本場ハーレーとライセンスに関する契約を結んだ日本の民間会社が、1935年に同社の技術を使った第1号を完成。翌1936年、「陸王」と名付けた。陸王は太平洋戦線で活躍したという。

Ⅳ　戦いの終焉

「南洋の東京」の無残

6月25日、戦闘最大要所のタポチョ山頂を占拠され、その後、頼りにしていたドンニーの水源も失った日本軍。この頃には指揮系統を維持することも困難になり、総崩れ状態になっていく。

米軍はタポチョ山中の戦いがほぼ終結したことを確認し、28日頃ガラパンへの本格進軍を開始。小規模な戦闘を経て、7月2日から3日にかけ完全制圧した。翌4日には町の北側にある水上機基地もあるタナパグ港も占拠した。ガラパンには海軍の軽戦車「特二式内火艇」が持ち込まれていたが、米軍のバズーカ砲の前に全く歯が立たなかった。「カミ車」と呼ばれた戦車は、日本版の水陸両用戦車として開発されたものだが、装甲が薄く相手の攻撃にもろかった。ガラパン町には陸軍の「南洋憲兵隊」という憲兵組織も残っていたが、ごく少人数を残して壊滅した。

米軍は廃墟と化した町を、建物に潜み狙撃チャンスをうかがっている日本兵に警戒しながら進んだ。壊れた家々の庭や周辺には、家畜の死骸が横たわっていた。ほぼ無人になった町だが、至

廃墟と化したガラパン中心街（1944年6月、米国立公文書館所蔵）

るところに地雷が埋めてあったので、地雷探知器は不可欠だった。

従軍記者、ロバート・シャーロッドは『死闘サイパン』の中で、第2海兵師団に同行し、ガラパンに入った時のことを書いている。

「日本軍の強い抵抗はみられなかったが、彼らは街路に沿って鉄条網をグルグル巻いた妨害物を一面に張りめぐらしていた。

前線のすぐ後方には、撃破された日本軍の戦車が4台あった。その1台はまだ燃え続けていた。戦車の回りには日本兵の死体が散乱していて、既に数千匹のハエがうようよたかっていた。ある戦車の内部では隊員が乗ったまま、焼き殺されていた」

『死闘サイパン』にはこんな記述もある。

「住宅の内部にはたくさんの写真帳が散乱していた。その中には西洋風のイブニングドレスの盛装をした日本人の女性たちと礼装をした男性たちの写真もあった。日本人の野球チームと小学生児童の写真などもあった」

「家には蓄音機が3台もあった。レコードは奇妙に単調な東洋風の歌ばかりで退屈したが、数名の海兵隊員たちはワーグナーやベートーベン、バッハの多数のレコードアルバムを見つけた。彼らは前線に移動するのを待っている時間、街角の店にあった蓄音機にかけて楽しんでいた」

日本人の住人にドイツの作曲家のファンがいたということか。米兵は住民のいなくなった町で、日本人の日常生活があったことを知った。


ところでシャーロッドは、海岸近くの海軍基地に「90ミリ砲らしい30門を下らぬ多数の大砲が、荷づくりを解いたまま置かれていた」という自身の目撃も書いている。半ばあきれたように「これほど多くの大砲をどうして使用できなかったのか」と書いている。

大砲がなぜ放置されていたのか。戦闘の準備期間が短かったことに加え、大砲を運搬できる馬力のある車を持っていなかったことが理由とみられる。中国大陸の戦場と違って、サイパンには軍馬もいなかった。大砲が海岸近くで大量に放置されていたのは、「運びたかったが、時間も手段もなかった」ということだと筆者は推測している。

軍幹部の自決

6月29日深夜から30日未明。月の光が山肌を照らす中、密林をかき分け進む一団がいた。

南雲忠一中部太平洋方面艦隊司令長官、斎藤義次第43師団長、井桁敬治第31軍参謀長らが次の司令部の洞窟を目指していた。案内しているのは第31軍参謀の平櫛孝。平櫛が書いた『サイパン肉弾戦』などによると、南雲、斎藤とも4キロを超える道中、ほとんど言葉を発しなかった。

最後の司令部は、島の北部に近い地獄谷と呼ばれた地区の自然壕に置かれた。そこで作戦会議も開かれたが、日本軍は武器、砲弾の枯渇に加え、多くの指揮官が死亡し、指揮系統は既に崩壊状態だった。周辺状況を視察したある師団参謀は「日本の軍隊はもういない。ボロボロの軍服を着た烏合の衆にすぎない」と司令部に報告したという。

7月4日。司令部は大本営に対し「全員肉弾突撃を準備す」と報告。「サイパン島の皇軍将兵に告ぐ」という南雲司令長官名の訓示を出した。事実上最後の攻撃目標を「7日3時半以降、チャランカノア」と定めた。

訓示はこうだ。

「今や止まるも死、進むも死、生死須らくその時を得て、帝国男児の真骨頂あり。今米軍に一撃を加え、太平洋の防波堤として、サイパン島に骨を埋めんとす。戦陣訓に曰く『生きて虜囚の辱めを受けず』。勇躍全力を尽くして、従容として悠久の大義に生きるを悦びとすべし」（原文は漢字とカタカナ）

5日、南雲司令長官、斎藤師団長連名の突撃命令が島内の将兵に対し出された。命令文は謄写器（ガリ版印刷器）で印刷され、洞窟周辺で配られた

そして7月6日午前10時頃、南雲、斎藤、井桁の軍幹部3人が洞窟内で自決。平櫛の『サイパ

ン肉弾戦』によると、肌着を着替えた3人は軍刀を逆手に持って自らの腹に当てた。そして、副官が3人の後頭部にけん銃を発射。3人の体はそのまま前にうつ伏せた。

6月29日から7月6日の軍幹部の動きを『サイパン肉弾戦』のほか『サイパン島作戦』などいくつかの本を元に筆者がまとめると、こうなった。幹部自決後には、次の項で述べる、米軍が「バンザイアタック」と呼んだ突撃攻撃が始まることになる。

自決した南雲、斎藤、井桁。このサイパンの陸海軍幹部のうち南雲は、太平洋戦争開戦のハワイ・真珠湾攻撃やミッドウェー海戦など大きな戦いを指揮した人物として知られる。3人の中では頭一つ抜けた日本軍の大幹部だった。筆者が読んだサイパン戦に関する本、文章からは、南雲が軍中枢にありながら、偉ぶることなく、それでいて貫禄のある人物だったことがうかがえる。ただ軍人としての判断の鋭さを筆者は感じなかった。南雲はサイパンの洞窟で、落武者の悲惨な末路のような最期を遂げた。


この項で三点付記したい。

まず一点目。自決した軍幹部の人数について。

『サイパン島作戦』『中部太平洋陸軍作戦』には南雲、斎藤、井桁のほか矢野英雄少将も自決したことが書かれている。ただ、自決に立ち会ったとしている平櫛は自著で「取材した人の考え違い」と否定している。この頃、海軍には総攻撃を巡って、「早まるな」という趣旨の指示が、大本営から入っていた。すぐ総攻撃するのではなく、いったん後退し、作戦を練り直せという指示だ。軍参謀の堀江芳孝が書いた『悲劇のサイパン島』には、矢野が指示に従って島の北部に向かい、その後、消息不明になったと書かれている。洞窟で自決した幹部に矢野が含まれるのか否か筆者に断定はできないのだが、平櫛が明確に否定していることを踏まえ、この本では矢野を含んでいない。

二点目。「斎藤師団長の再埋葬」とされることについて。

サイパン戦を描いた米国のいくつもの本は、米軍が斎藤の遺体を丁寧に埋葬し直したと書いている。埋葬の様子を撮影したという写真まである。洞窟掃討の過程で遺骨を発見し、同じ軍人として敬意を払って埋葬したというのが、書かれている内容だ。

ただ、これも平櫛は「作為されたもの」と否定している。筆者はこれも肯定も否定もできないのだが、自決幹部の中で、斎藤の遺体だけ埋葬し直したように書かれているのが不自然とは感じた。当時の米軍は米国民に戦いの正当性を説明するPR活動に熱心だった。そう考えると、米国本に書かれた「斎藤の再埋葬」は平櫛が書いたとおり、米軍の演出の可能性がある。

三点目。サイパンの史跡巡りをする人が必ず訪れる「ラストコマンドポスト（LAST COMMAND POST）」と表示された洞窟について。

「最後の司令部」と訳されるその洞窟は、島北端の海岸近くにあり、そのしっかりした構造から、軍幹部が入るためにつくられたものとみられる。壁には米軍が放った砲弾が食い込んでいて、史跡価値は非常に高い。ただ、「ラスト（最後の）」という案内表示は誤解を招くと言わざるを得ない。南雲ら3人が自決した洞窟は、この場所より南の地獄谷の中にあったはずだ。「ラストコマンドポスト」は戦闘の激しさを伝える貴重な史跡であり、サイパンを訪れた人にはぜひ見てほしいのだが、南雲らが自決した洞窟とは異なるとみられる。

バンザイ突撃

7月7日、島の北西海岸近くに陣取った米陸軍第27歩兵師団のテント群。夜明け前のサトウキビ畑の中から突然、雄叫びが聞こえた。姿を現したのは日本兵と日本の民間人だった。畑の中を這うように近づいた一団は、立ち上がるとテントになだれ込んだ。多くが手にしていたのは銃の先に剣をつけた銃剣や手榴弾だ。日本刀やこん棒、竹やりも持っている。まともな銃を持っている人は少なく、銃の先にとがった棒をくくりつけただけという人もいる。だが、その迫力は凄まじかった。

海岸での攻防も山間部の戦いも、決して米軍が一方的に攻めたわけではないと書いたが、7月7日の日本軍の攻撃では、米軍に大きな犠牲が出た。米国で出版されたサイパン戦関連の本の多くは、この攻撃を太平洋の戦場で起きた「最大のバンザイアタック（バンザイチャージ）」と呼び、詳しく説明している。

最高幹部の南雲、斎藤が「3時半以降、チャランカノアを目指す」と命令し、自決したサイパンの日本軍。「ガラパンに友軍（日本軍）が集結している」「大反撃を計画している」などのうわさ話も広がり、司令部周辺に多くの将兵が集まった。海軍は島の最北端で「バナデル飛行場」と呼んだ滑走路を造成していたのだが、そこからも大勢の人が来た。最終的に3000人規模の大集団になり、午前3時から4時前後、陸軍の九九式軽機関銃を合図に進軍が始まった。

日本軍は山側、海岸沿い、その中間の3グループに分かれ、海岸沿いの町マタンシャ（現在のサンローク）、その南の港町タナパグ方面を目指した。筆者が米国の本を読む限り、「天皇陛下万歳」と叫んだ兵士がどの程度いたのかは、はっきりしない。だが、兵士が持っている武器を振り回しながら、大声を上げ、米軍のテントに襲いかかったことは確かだ。

『サイパンとテニアンの集団自決、1944年』には、第27歩兵師団のある下級将校が、なだれ込む日本兵の様子を「映画で見た突進してくる『牛の大群』のように見えた」と語ったことを書いている。当時の米大統領、ローズヴェルト（フランクリン・ローズヴェルト）やベーブ・ルース（言わずと知れた大リーグの本塁打王）など、日本人にも知られた米国人の名前を叫び、突進してくる兵士もいたという。

大慌てで自分の銃を取ろうとしたが、他人に持っていかれてしまい、「銃がない」と叫ぶ人、「ケイバー」という戦闘ナイフで必死に防戦する人。米軍テント内は大混乱に陥った。日本軍の一部は、そのままタナパグ港周辺まで進軍し、米軍の一部は海岸付近まで後退した。沖の岩礁まで泳いで逃げた兵士や、その途中で溺死した兵士もいた。

しかし、朝になり周囲が明るくなると、米軍も態勢を立て直した。岩礁から戻った兵士も含め、午前8時頃、新たな防御線を張る。武器の性能、砲弾数は元々圧倒的に米軍が勝っていたから、

バンザイ突撃後、海岸に横たわる日本軍将兵らの遺体
（1944年7月、米国立公文書館所蔵）

その後は完全に米軍が日本軍を圧倒する展開になった。午後6時頃までに戦闘はほぼ終結し、日本軍は捕虜になったごく少数の人を除いてほぼ全滅した。

米軍は後に、4311人の日本人の遺体が見つかったと明らかにした。ただ、この数字には7日以前にその場所で死んだ人も含まれるとみられる。この日のバンザイ突撃の参加者に限って言えば、ある米国の戦史家は民間人を含め「3000人から4000人」と推測している。「25000人から3000人」という米軍の調査報告もある。

サイパンのバンザイ突撃の大きな特徴は、米兵の犠牲者数が非常に多かったことだ。日本軍の攻撃の標的となり大混乱を起こした陸軍第27歩兵師団。その場所にいた第105歩兵連隊が死傷者の大半なのだが、4

06人が死亡、512人が負傷したとされる。戦闘に参加した海兵隊にも死傷者が出た。日本兵の持つ武器はとても貧相だった。銃を持っていても弾がなかったり、錆びたりしていた。突撃前に飲んだ酒が回り、足元がふらついている兵士もいたようだ。

なのに、なぜこれだけの犠牲者が出たのか。

サイパンはこの日の早朝に大雨が降った。雨音で日本兵の接近に気付くのが遅れたとみられる。油断もあったのかもしれない。この日の前、日系米兵が日本兵捕虜から突撃命令が出たという情報をつかみ、上官に伝えているのだが、その情報は生かされなかったようだ。

陸軍第27歩兵師団が元々ニューヨークの州兵で、戦時に正規軍に入る予備軍的性格の集団だったことも影響したのかもしれない。イタリア、アイルランド、ポーランドなどの欧州移民系の人が多かったという。

ただ、それだけでは説明できない気もする。実は日本軍の「バンザイアタック」を説明している複数の米国本が「フレンドリー・ファイア（味方撃ち）」が起きたことを書いている。第27歩兵師団は突然、襲いかかった日本兵の突撃に大混乱を起こした。「米兵は敵と味方の区別がつかない状態だった」「ある防御線では米軍犠牲者の半分が味方撃ちによるものだった」。米国の本には狙いが定まらない乱射が起きたことをうかがわせる兵士談がいくつも書かれている。白人兵が誤射されないように、ヘルメットを脱いで、わざと金髪を見せていたという話もある。

その数ははっきりしないが、米軍のテント内で起きた味方撃ちが死者を増やしたことは間違いない。

米軍を大混乱に陥れ、多数の犠牲を出させた日本軍だったが、進軍はタナパグの海岸周辺までが限界だった。新たな防御線を敷いた米軍が圧倒的な銃の力を見せつけ、日本兵を一人ひとり、容赦なく殺していった。激しい戦闘で精根尽き果てた日本兵の中には、最終的に自分自身で命を絶った人も少なくなかったようだ。従軍記者ロバート・シャーロッドの記述によると、自決は見分けがついた。多くの日本兵は手榴弾を自分の胸に当て爆発させた。このため多くの遺体は利き手の右手がなく、胸がえぐれていたという。

ほぼ全滅した日本兵が残した回顧談はほとんどない。だが、米軍が撮影した海岸を覆い尽くす日本兵の死体の写真は、バンザイ突撃の壮絶さを今に伝えている。その後米軍は、ブルドーザーを使って遺体を道路脇に寄せ、積み重ねた。熱帯のサイパン。遺体にはすぐにウジが湧き、腐った。一帯はすさまじい死臭が漂ったという。米軍は大きな穴をつくり、日本兵の遺体を数十単位、数百単位で埋めた。この遺体の穴埋め作業には、既に捕虜になっていた日本兵や収容された日本の民間人のうち、大人の男性が使われた。

この項も何点か補足説明したい。

一点目はバンザイ突撃が「7月7日」だったことについて。この日が七夕であることはもちろん当時も同じだが、地獄の戦場だ。七夕伝説を思い浮かべる人など、ほとんどいなかったのではないか。むしろ、ある記念日として意識されたとみられる。

7月7日は、日本が泥沼の日中戦争突入のきっかけとなる盧溝橋事件（1937年）が起きた日だ。中国では今も日本に日中戦争の反省を求める日になっている。筆者も日中間の政治問題は別にして、日本が歴史を振り返るべき日だとは思う。だが、当時のとらえ方は全く逆で、いわば「正義の戦争」が始まった記念日だった。サイパンにいた多くの兵士が、この日を「事変記念日」と重ね合わせた可能性がある。

二点目。日本の突撃に女性も参加していた可能性がある。

米戦史家ジェームズ・ハラスは著書『サイパン』の中で、米軍に向かってくる日本人の中に女性がいたという目撃談を載せている。「女性は悲鳴のような声を上げていた」としている。

これだけで女性がいたとは筆者としては書きづらいのだが、沖縄のサイパン会の『サイパン会誌』には、島にいたある女性がこんな話を寄稿している。

「7月初旬、司令部発表があり、『サイパン島玉砕とする』という大声が上がった。そして『これから敵陣に斬り込んでいく。歩ける者は皆出陣せよ』と命令が下った。私はこの時とばかり鉢巻きをしめ皆の後に続いた。その時、母が血相を変えてとんできて『親不孝者、親を捨てて出て行くのか』と私にすがって離さない。（中略）私は『どうせ死ぬなら親や妹達と一緒に死ぬ方がいい』と思い直した」

実際には思いとどまったが、突撃に参加しようとした日本人女性がいたことになる。このことから突撃に女性がいた「可能性がある」と言うことはできると思う。もしもそうであれば、太平洋戦争の中でも、女性が戦闘行為に参加した特異なケースと言えるだろう。ただ、女性の戦闘参加は、９か月後の沖縄戦で、記録に残る確かな出来事として語られることになる。

三点目は米軍サイドのことだが、多くの死者が出た第27歩兵師団から３人の「名誉勲章」受章者が出たこと。大統領から直接授与される名誉勲章で、一つの戦闘集団から３人の受章者が出たのは異例だという。

このうち当時29歳のベンジャミン・サロモンは、歯科医としての入隊だったにもかかわらず、機関銃を手に一人で日本兵に立ち向かったとされる。彼はその場で戦死したが、倒れているサロモンの前に、98人の日本兵の遺体があったと伝えられている。仲間の兵士らが戦後長年請願し、死後60年近くたった２００２年に、当時のブッシュ大統領から名誉勲章が与えられた。

海を見つめた兵士

太平洋の大海原に囲まれた熱帯の島、サイパン。山を少し登れば、眼下にマリンブルーの海が広がる。晴れた日には、遥か遠くに北マリアナ諸島の別の島影を望むこともできる。

軍幹部が自決し、総力を挙げたバンザイ突撃も制圧された中、軍の中には島からの脱出を試みた人たちがいた。「再攻撃の準備をする」「大本営に島の現状を伝える」。幹部の脱出には表向きの理由があった。

脱出が計画されたのはまず、サイパン最高幹部の一翼を担った第６艦隊の高木武雄中将（最終は大将）だ。第６艦隊は潜水艦任務のため編成された艦隊で、救出にも潜水艦を使うことが計画された。

潜水艦による脱出は、高木中将のために計画されたものではない。6月下旬、伊号第41潜水艦がグアムに不時着したパイロットら100人余りを救出した。この成功に気をよくしたのか、海軍はサイパン、テニアンでも計画を練った。幹部を乗せた小船を米軍の隙を見て沖に出し、潜水艦に合流させようとした。しかし、両島では失敗した。島が米軍の大艦隊に囲まれていたことや海流の影響で、合流させることができなかったのだ。

脱出が検討された高木中将の最期は、実ははっきりしない。米軍の潜水艦作戦の専門家だった海軍将校、ウィルフレッド・ホームズという人が戦後、太平洋戦争における日米潜水艦の動きを分析し、『海面下の勝利』という本にまとめているのだが、ホームズは高木の最期について、「7月2日、高木は自分と部下を救出するための全ての作戦をやめるよう命じた。その4日後、『第6艦隊はこれから自決攻撃をおこなう』という最後のメッセージを出し、消息を絶った」としている。

軍将校の脱出計画はほかにもあった。平櫛の『サイパン肉弾戦』によると、南雲中将らは自決前、高木の計画とは別に「たまたまサイパン島にいて戦いに巻き込まれた」複数の軍将校を、島北部の海辺の洞窟に隠していた上陸用船艇を使って脱出させることを決めた。だがこれも失敗。海岸に向かったところ、船艇は既に米軍に見つかり、爆破されていた。いかだを組んで海に出たが、これも米軍に発見され、一行は全員戦死したという。

一般の兵士はどうだったのか。「太平洋の防波堤たらん」とたたき込まれていた兵士たち。脱出が許される理由などあるはずもないのだが、海に囲まれたサイパンは、少し山に登れば美しい海が目に飛び込んでくる。「生きたい」という人間の本能もあるだろう。「島から離れたい」という気持ちを抱いた兵士たちがいた。それは確かだ。計画を練った人たちがいたことが、いくつかの本の記述から分かるし、実際に実行した人もいた。

陸軍第43師団に所属した山内武夫は『怯兵記』の中で、海への脱出が頭に浮かんでいたことを書いている。

泳ぎに自信のあった山内。「いかだを組むか、板きれにすがれば、外海に出られるのではないか」と考えた。「どこかの無人島にたどり着きたい」。周囲で砲弾が炸裂する中、そんな気持ちが湧き起こったのだ。ただ、山内は外国語専門の学校を出て、太平洋の地理の知識も持つ人だった。近いといっても隣のテニアンを除けば、島どうしは100キロ前後のレベルで離れている。そんな距離をいかだでたどり着くことが非現実的であることも理解していた。海に逃げたいという衝動と冷静な自分の葛藤の末、結局は実行しなかった。

沖縄のサイパン会発行の『サイパン会誌』にも、民間人の中にいかだや小船で、別の島への脱出計画を練った人がいたことが書かれている。サイパンで現地の人向けに出版された、戦争体験をまとめたある本にも、機関銃を取り付けた船に日本人と一緒に乗り、マリアナ諸島の別の島に行くよう命じられたチャモロ人がいたことが書かれている。

実際に海に逃げ、海上で米軍に拘束された兵士もいた。

先ほど紹介した高木武雄海軍中将の人物伝をまとめた『サイパンの青い空』（長久保片雲）という本があるのだが、ある海軍小隊長が仲間といかだを組んでサイパンから脱出したという話が書かれている。

この本の著者が高木について調べた際、高木を慕っていた海軍陸戦隊の元小隊長と知り合った。その元小隊長が、いかだでサイパンから脱出した後、海上で米軍に拿捕、拘束され、米本土の収容所に入るというユニークな体験の持ち主だったのだ。

本には高木中将に関する記述とともに、元小隊長のサイパン脱出劇についても書かれていた。その話が極めて興味深いので、ここで紹介する。

話はこうだ。

元小隊長が20人ほどの仲間と脱出計画を実行したのは、米軍サイパン占領後の8月初旬だった。フィリピンを目標にした。

いかだに水、米、砂糖を積んでサイパンを離れることに成功した。乗っている人全員でオールをこぎ、6日間ほどいかだを西に進めることができた。しかし、結局は上空から米軍機に見つかった。腹をくくり、胸を叩いて「我々を撃て」と合図をすると、米機は元小隊長らの頭すれすれまで急降下した。しかし、撃ってこない。それどころか船が近づいてきて、はしごを降ろして小隊長らを救出した。

船に乗った小隊長らは、米軍の武器を奪い船内で大暴れしようとしたが、厳重に警戒され、結局はおとなしく捕虜になった。船はハワイ経由で太平洋を横断。サンフランシスコからロッキー山脈を越え、最終的に五大湖に近いウィスコンシン州のマッコイ収容所（キャンプ・マッコイ）に収容された。

マッコイ収容所は多数のドイツ兵捕虜がいたことで知られる、当時の米国内最大規模の収容施設だ。この収容所については、この本の中で後ほど紹介する。

サイパン陥落

幹部将校が自決し、バンザイ突撃で残っていた将兵の大半も戦死した日本軍。

7月9日。マッピ岬（現在の名称は「プンタン・サバネタ」）周辺に到達した米軍は、日本軍が軍用機の緊急離発着に利用しようとしていたバナデル飛行場を占拠した。海兵師団は岬近くに星条旗を掲揚。海軍のリッチモンド・ターナー中将（最終は大将）らが正式に「サイパン占拠」を宣言した（米国側の言い方では「サイパンの安全宣言」となる）。サイパン島は陥落した。

周辺ではまだ多くの日本兵、民間人が洞窟に隠れていて、その人たちの間で「米軍がラッパを吹きながら旗を掲げた」という話が広まった。既に正式な指揮系統がなくなっていた日本軍。山中や海岸近くの洞窟に潜む将校、兵士たちは、この時から「敗残兵」となった。

陥落9日後の7月18日。大本営はサイパン島日本軍が「全員壮烈なる戦死を遂げたものと認む」と発表。民間人についても「終始軍に協力し、およそ戦い得るものは敢然戦闘に参加し、おおおむね将兵と運命を共にせるもののごとし」とした。翌19日の各新聞は大きく一面でサイパン陥落を報じた。

サイパン陥落の影響の大きさは、発表と同じ7月18日、東条内閣が総辞職したことが何より物語っている。政府は総辞職をすぐに公にせず、2日後の20日に発表している。また、さまざまな意味で大きなターニングポイントになり、日本軍の戦い方から国民生活に至るまで、サイパンの前と後とで大きく変化した。

日本軍の戦い方の最も大きな変化は、いわゆる「特攻」の登場だ。マリアナ沖海戦とサイパン戦で、米軍の力を思い知らされた日本軍。これまでと同じ戦い方、教科書どおりの戦術ではとても勝てないと痛感したのだろう。サイパンの山中で日本兵が体に爆薬を巻き付け、米軍の戦車に突っ込んだことを書いたが、サイパン以降、日本軍内で、兵士の命と引き換えに戦果を狙う考え方が急速に広がる。日本軍はさまざまな特攻作戦を展開し、そのための兵器を開発しているが、最もよく知られる神風特別攻撃隊をはじめする陸海軍機の特攻は1944年10月、フィリピンで始まった。実はサイパンでも、基地の奪還を目指し、「実質特攻」と言える軍用機による攻撃がおこなわれた。それは後の章で説明する。

「風船爆弾」の名で知られる、和紙でつくった巨大な爆弾入りの風船が登場したのもサイパン戦後だ。東条首相はサイパン戦さ中の1944年6月下旬、この計画を天皇に奏上した。同年11月から1945年4月まで、千葉、茨城、福島の太平洋側の3か所から打ち上げた。

サイパン陥落は国民生活も大きく変えた。

都市部の小学生を対象にした学童集団疎開もその一つ。政府が促進要綱を閣議決定したのは、サイパン戦まっただ中の1944年6月30日だった。

子どもを危険から避難させるという意味もあったろう。ただ当時は、子どもは「戦いの足手まといになる」という考えがあった。学童疎開は戦力増強、本土防衛強化のため、大人を兵器生産などに集中させることを狙った施策だった。政府と自治体が連携した構想は、サイパン陥落の7月から翌8月にかけ、急テンポで動き出した。

ところで、サイパン陥落を巡っては、晴気誠というサイパン戦の作戦立案を担当した陸軍少佐が、終戦2日後の1945年8月17日、大本営構内で割腹自決したことも付記する。作戦を立案した人が敗戦後、自分の責任をどう考えたのか。どう対処したのか。それは、その人の性格によるところが大きかったのかもしれない。サイパン戦の立案を担当した晴気という人は、非常に責任感の強い人だったのだろう。サイパン陥落後、島が日本空爆の中核基地となり、戦局が急速に悪化したことへの責任を感じ続けていたらしい。

話が前後してしまうのだが、次の章で地上戦に巻き込まれた民間人について触れる。特に小さな子どもの話を長めに紹介した。自分たちがなぜこのような状況にいるのか、理解することすらできない小さな子どもの場合、その体験は本人が大人になった時に記憶があいまいだったりして、どうしても記録に残りにくい。赤ちゃんの場合はなおさらだ。次章では、その問題をカバーする意味で、親が子どもの様子を描いた文章を詳しく盛り込んだ。日本人でないことによる残酷な体験をしたチャモロ人や朝鮮人らのことも紹介する。

Ⅴ　民間人の地獄

作戦の邪魔だ

「お前たちがつくった壕かどうかはおれは知らん。あそこに見えるのは全部敵の軍艦だぞ。作戦の邪魔になるから即刻立ち退け」

空襲、艦砲射撃で町がズタズタになり、米軍が南西部の海岸に上陸したサイパン。砲弾の爆音がガラパンの町に響く中、当時サイパン高等女学校の生徒だった奥山良子の母親に軍人が浴びせた言葉だ。彼女の著書『玉砕の島に生き残って』に書いてある。

用意周到な人だった父親は、初めて島を襲った1944年2月の空襲後、サイパンがいずれ戦場になると予想し、岩盤をくりぬいた7平方メートルほどの壕を、町の郊外で業者に造らせていた。母親と子どもがそこに隠れていたところに軍人が現れ、出て行くよう命じたのだ。

父親は家財道具を取りに家に戻っていて、その場にいなかった。母親が思わず、「ここは私たちがつくった壕です。だから避難しているんです」と言葉を返したが、軍人は高圧的な態度で一家を追い出したという。

奥山一家はその後、ほかの日本人家族と一緒に、山中を転々とさまようことになる。そして、米軍から逃げ続けた末の7月17日、洞窟で親子そろっての手榴弾自決をおこない、奥山だけが生き残った。


ガラパンでは日本人の多くが海岸近くの平地に住んでいた。多くの人が奥山家と同じように軍人から追い出され、山中に向かったとみられる。

多くの人は日本軍、日本兵の強さを信じていた。戦いは短期間で決着し、自分たちは元の家に帰れると考えていた。そのため、自転車に生活用品を乗せて山に向かった人も少なくなかった。

だが彼らはすぐ、それが誤りであると気付く。「戦闘は簡単に終わらない」。自転車を持ってきていた人は、山のふもとに捨て、乗せていた荷物を父親が担いだ。赤ちゃんは母親が抱き、家族が離れ離れにならないよう、励まし合いながら山を登った。

7歳の少女を襲った理不尽

「久美子は（水を）我慢しようとすればするほど、渇きが激しくなるのか、しまいには声を上げて泣きだしてしまった。兵隊がいきなり近づいて久美子をこづき、『あんまり泣くな』と叱りつけてから、今度は私に向かって怒鳴った。『敵の電探にひっかかるのが分からないのか。あんまり泣くなら殺してしまえ』
私は歯をくいしばって返事もできずに久美子を抱きしめた。目から熱いものがあふれてきた。久美子は私の腕の中で、いつまでもすすり上げていた」
篠塚吉太郎という南洋興発の元社員が1951年に出版した本『サイパン最後の記録』の文章だ。

夫婦と子ども3人の5人家族。篠塚一家は多くの家族と同様、米軍のサイパン襲来後、降り注ぐ砲弾から逃れようと、山へ入った。夫婦間の事情から夫と長女、妻と2女、まだ赤ちゃんの3女の二手に分かれて逃げることになった。そして、篠塚は7歳の長女久美子と2人で山を転々とした。この文章は、ある洞窟に隠れていた時、久美子があまりの渇きに耐えかねて泣きだし、一緒に潜んでいた兵士に怒鳴りつけられたという場面だ。

篠塚はこの戦いで、久美子と小さな乳児だった3女の娘2人を亡くした。そして、終戦6年後に本を出版した。辛い体験を字にしたのは、2人が生きた証を残したかったからだと筆者は推測する。戦いのさ中、小さな子どもの動きを丹念に追った文章は珍しい。その意味で、戦争の理不尽さを突き付けられた子どもたちの代表として、篠塚と久美子の話を紹介したい。

「ぬれた仔馬の　たてがみを
なでりゃ両手に　朝のつゆ
呼べばこたえて　めんこいぞ　オラ
かけて行こかよ　丘の道

ハイドハイドウ　丘の道

飛行機の爆音で目をさますと、日はもうかなり高くなっていた。子どもたちは早くから起きていたのであろう。久美子はレコードで覚えた歌を香代子に歌って聞かせていた。2人とも汗とほこりで顔を真っ黒にしていた」

米軍来襲直後のある朝、山中の茂みの中で迎えた篠塚一家の様子だ。

久美子が歌っていたのは、馴染みやすい歌詞とメロディーで戦時下のヒット曲となった童謡「めんこい仔馬」だ。

姉妹の頭上には絶えず飛行機が現れ、爆音を島中に響かせていた。7歳の少女が戦争をどの程度理解していたかは分からないが、飛行機と砲弾が多くの人の命を奪っていることは理解していた。久美子は大人の会話を通じて自分が知っている人が死んだことを知ると、その都度篠塚に伝え、「お父ちゃん、飛行機はこわいね」と話したという。

前項でも書いたが、米軍襲来の当初は、多くの人が「米軍撃退までの辛抱」と考えていた。篠塚もそんな気持ちだった。南洋興発の社員で民間人の中では恵まれた立場にいた篠塚は、酒保から借りたリヤカーに米や味噌、缶詰めを乗せて逃げた。子どもたちも当初は、隠れている壕の前で土に絵を描いたりして遊んでいた。

しかし、そんな篠塚一家も米軍上陸後はすぐ、リヤカーを引く余裕などなくなる。戦場が山に移る頃には、死体が至る所に放置された山中を着の身着のまま逃げることになった。

3人の子どもたちが不幸だったのは、篠塚と妻の夫婦仲が元々良くなかったことだ。いつ終わるか分からない逃避行の苛立ちもあったのだろうか、夫婦は激しいケンカをして、篠塚と長女久美子、妻と2人の妹に分かれて行動することになった。7歳の少女にとってあまりに苛酷な山中の逃走だった。空腹とのどの渇き、足の悲鳴、そして母親のいない寂しさが、久美子の体と心を容赦なく襲った。

「艦砲射撃は空間を全て埋め尽くすように、絶え間なく山地を揺るがせている。久美子と私は窪みの中で砲撃が終わるまでうずくまっていた。5、6時間は続いたと思う。久美子は乾パンを食べると、しきりに水を欲しがるので、私は灌木林に引き返した。

そこには、おびただしい屍が凄惨な姿で転がっていた。つい数時間前に私たちと語り合い、元気な顔をつき合わせていた人々であった」

「夜はロケット弾が飛んできた。久美子はぐずついてなかなか眠らなかった。久美子も寂しさに襲われると、やはりやり切れなくなるのだろう。寝ながらべそをかいている久美子を見ていると、私は思わずまぶたが熱くなってきた。

私は何かに背中を押されたように立ち上がると、久美子を抱き上げて『元気出せ、久美子、久美子は強い子だ。元気出せ』と言って、高く抱き上げてやった。久美子は初めはかすかにしか笑っていなかったが、だんだん機嫌を直して、とうとう声を上げて笑い始めた」

久美子の寂しさとは母親、妹と別れたことだったが、彼女を最も苦しめたのは水がないことだった。我慢できないほどの渇きは、サイパンと隣のテニアンで米軍から逃げたほぼ全ての人が体験した。当時の島の民家には必ず貯水タンクがあり、スコールなどの水をためていたが、米軍の空襲によって、その多くが壊されていた。

戦闘終盤の7月。父娘は山中から島北端の海岸に移動していた。米軍はほぼ島全域を占領し、海岸では日本人の集団自決も始まっていた。

筆者が本の中で最も印象深く感じたのは、この海岸での出来事だ。

「海の中を渡らなければならない場所に来た。私は久美子をしっかり縛り付け、首までとどく水の中を流されないように気をつけながら、そろそろ渡った。これが妙に久美子をひどく喜ばせた。久美子は背中で暴れるほど声を上げて喜んだ」

米軍から逃げ、島北部の海岸にたどり着いた2人。そこは崖下の道が途切れ、浅い海に入らなければ前に進めない場所だった。篠塚は久美子をおぶって、首まで海水につかりながら歩いた。父親の背中にいて安心したのか、地獄の逃避行だというのに、7歳の久美子は父親の体に寄せる波をおもしろがって笑ったというのだ。それは篠塚にとっても思いもしないことだった。

篠塚はこう続けている。

「どのような苦難の中でも、心から笑える瞬間があるものなのだろう。子どもの場合は正直に現れる。私が一番情けない思いをしていた水の中で久美子が笑ったので、なおさら可哀想になった。せめてこの子だけでも救うことはできないものだろうかと、可能性のないことを考えていた」

父娘一緒の逃避行は、そこで終わりになる。きっかけは2人の前に突然、なぞの軍人が現れたことだった。その軍人が篠塚に「お嬢さまを私に預けなさい」と話しかけたのだ。そして、篠塚は軍人の言葉に従ってしまった。

「久美子はお利口だから、おじちゃんと一緒に待っててね。お父ちゃんはお母ちゃんと香代子や淑子を探してくるから」

「うん、久美子待ってる」

既に指揮系統を失っていた日本軍。軍人が「預けなさい」と言った意図は分からない。篠塚が軍人に預けた理由も明確には書かれていない。ただ、当時の篠塚は民間人であっても、最後の突撃に参加するべきだと考えていた。なので、筆者の推測になってしまうが、自分と一緒にいるより、この軍人の元にいた方が、久美子が生き残る可能性が高いと思ったのかもしれない。篠塚は「母親らを探してくる」とうそを言って、軍人に預けてしまった。

「久美子待ってる」が、篠塚が聞いた娘の最後の言葉になった。


篠塚はその後、米兵に捕まり、収容所に入った。収容所に来た篠塚は、久美子も米兵に連れられて来ることを心の底から願った。しかし、願いはかなわなかった。篠塚は収容所で知人から、手榴弾を使った民間人の集団自決の輪の中に久美子がいたことを聞くことになる。

「私はむせび泣いた。私が久美子を殺したようなものであった。父母の不和をいじらしく見守っていた久美子。母や妹たちと別れ別れになったうえ、苦難に耐えた久美子。あんなに水を欲しがっていた久美子。久美子は7歳であった」

篠塚は本の中で、収容所生活を終え、日本に帰還することになった船の中から、サイパンの島影に向かって、命を落とした久美子と3女淑子の名前を叫んだことを書いている。娘の命を守りきれなかった篠塚を、決して責めることはできないと筆者は感じる。生死が紙一重の戦場。軍人に預けたことが久美子の命を救う、吉と出た可能性だってあったのだから。

筆者は篠塚が戦後の日本をどう生きたか情報を持たないが、久美子を軍人に預けてしまったことへの後悔と、命を守れなかったことへの謝罪の気持ちを抱き続け、生きたのだろう。

ところで冒頭の文章にある「電探」という言葉。日本軍はレーダーを「電波探信儀」と呼んでいた。電探はその略語で、洞窟内の赤ちゃんの泣き声を巡り、軍人がよく発した言葉だ。電探については次項で説明する。

赤ん坊を黙らせろ

「ある洞窟で24、5歳くらいの母親が赤ん坊に乳を含ませ、飲ませていましたが、乳が出ないので赤ん坊が泣きだしました。

すると兵隊が『赤ん坊を泣きやませろ。敵の電波探知器に聞こえたらどうするのか。数十人の命とどっちが大切か。赤ん坊を殺せ』と怒鳴りました」

山形移民の子だった佐藤多津（1930年生まれ）も自身が60代の時に『サイパンの戦火に生きて』を出版した。この本も当時サイパン高等女学校の生徒だった著者が、両親の死をはじめ、戦場で起きたさまざまな悲劇を分かりやすくつづっている。

文章は続く。

「赤ん坊は泣きやむどころか、ますます大きな声で泣き出しました。兵隊はいきなり母親から赤ん坊をひったくり、外に出ました。一瞬辺りはしんと静まりかえりました。母親は兵隊に追いすがりましたが、振り切られました。

しばらくして兵隊は（何も持たない）空手で戻ってきました。母親は声を殺して『お母さんも後から行くから許して』と泣き伏してしまいました」

サイパンの洞窟で起きた泣く赤ちゃんを巡る悲劇は、多くの文章に残されている。ほとんどの場合、この本と似た内容で、赤ちゃんの泣き声に対し、兵士が「黙らせろ」と母親に命じる。赤ちゃんは泣きやまない。すると、苛立った兵士が「殺してしまえ」という言葉を吐くという流れだ。

ほかの民間人は言葉を発することができず、「泣かせないから置いてください」と兵士に必死に訴える母親の声のみが洞窟に響く。そんな状況を何人もの人が戦後証言している。「赤ん坊を殺すくらいなら弾に当たって死んだ方がましです」と言って、洞窟から出て行った母親もいたという。

兵士による赤ちゃん殺害は米国の本にも書かれている。

従軍記者ロバート・シャーロッドは、サイパン戦の取材をまとめた『死闘サイパン』の中で、米兵から聞いた話として次のようなことを書いている。

投降する女性と子どもたち
（1944年6月、北マリアナ諸島歴史文化博物館提供）

「（兵士の）誰かが、死んだ赤ん坊を3日間も背負っている一人の日本女性を見つけたと語った。彼女は洞窟の中に隠れていたが、中には他の2人の日本兵も潜伏していた。彼女の赤ん坊が泣きだしたところ、日本兵は自分たちの居所がアメリカ軍に分かってしまうのを恐れて、いきなり赤ん坊の口を押さえつけて窒息させてしまったのだ」

赤ちゃんを日本兵に殺された母親が、3日間放心状態で山中を歩き、米兵に保護されたというのだ。

赤ちゃんを巡る悲劇は洞窟内だけではない。多くの赤ちゃんが逃げる途中に置き去りにされたり、殺されて捨てられたりした。

サイパンで従軍カメラマンをした米国の著名写真家、ユージン・スミスは山中に捨てられていた瀕死の赤ちゃんを抱く米兵を撮影している。密林の中、前かがみになって小さな命を見つめる米兵。戦争の理不尽さに怒るスミスの気持ちが伝わる写真だ。

ただ、スミスの写真は山中で見つかった多くの赤ちゃんの一人にすぎない。

「ある洞窟に入ると、あちらこちらにミカン箱がいくつも転がっていた。私は何げなくその中を見て、ギョッと立ちすくんでしまった。どのミカン箱にも赤ん坊の死体が入っていたのである」

南洋興発の元社員、篠塚吉太郎は『サイパン最後の記録』の中で、こんな話を書いている。『太平洋のDデー』にも、テニアン戦での話だが、新生児が入った箱を米兵が見つけた話が書かれている。

捨てられた赤ちゃんの大半は死亡したとみられるが、ごく少数ながら命を落とすことなく収容所で育った赤ちゃんもいた。

山形移民の子、菅野静子は米軍に拘束され、収容所内の病院で看護婦として多くの孤児の世話をすることになるのだが、著書の中で「山に捨てられてあったのを拾ってきたという、生まればかりの赤ちゃんが6人もいた」と書いている。

多くの赤ちゃんの犠牲が出たことに関し、二つのことを付記したい。

一つは戦争のさ中、なぜ多くの赤ちゃんがいたのか。それに関する筆者の見方だ。

筆者ははじめ、戦時中に多くの赤ちゃんがいたことを不思議に感じたのだが、当時の時代背景を知るなかで、それは現代目線だと気付いた。

太平洋戦争の時期、日本政府は「大東亜共栄圏建設」をスローガンに、人口増加政策を進めていた。国は国力増強のため、女性に健康な男性と結婚し優秀な子どもを産む「優生結婚」を説き、その内容を「結婚十訓」にまとめた。十訓の一つ「生めよ育てよ国の為」という言葉は、「産めよ殖やせよ（増やせよ）」のフレーズで今に伝わっている。

筆者はサイパンに多くの赤ちゃんがいたことと、国の人口政策が深く関連していると推測している。

戦時下だから生まないではない。戦時下だからこそ、国に役立つ子を産むよう、国民は求められたのではないか。男の子は立派な兵士になるよう、期待されたのではないか。筆者の推測が正しければ、戦場に多くの赤ちゃんがいたこともうなずける。もしそうなら、赤ちゃんを邪魔者扱いし、殺害すらした兵士の行動はより罪深い。

もう一つは、軍人が赤ちゃんの泣き声を止めるよう怒鳴った時、口から出た言葉について。前項でも少し触れたが、当時の住民が残した洞窟のエピソードを読むと、多くの兵士が泣きやまない赤ちゃんの母親に「電波探知機」あるいは「音波探知機」で「敵に居場所が分かってしまう」と言っていた。

兵士が口にした電波探知機、音波探知機とは何か。

当時の海軍はレーダーのことを「電波探信儀」と呼んでいた。米英のレーダー技術に痛い目にあっていたため、日本軍はレーダーの脅威を強く感じていた。兵士はそのような最新技術で、米軍が洞窟内の物音を探知すると思っていたのではないか。

ただ、レーダーは電波などを発信し、その跳ね返りで対象物を探る仕組みだ。洞窟内の音が電波、音波によって洞窟外に伝わるというのは、おそらく兵士が抱いた単なるイメージであり、レーダーの仕組みを理解していないことによる見当違いの言葉だったと思われる。

だが、「電波探知機」「音波探知機」という言葉を言われた母親は、どう受け止めたろう。兵士の言葉どおり、赤ちゃんの泣き声が回りの人に大きな迷惑をかけていると思い、自分を責めたのではないか。だからこそ、自分の子どもを殺す決心をする母親が出たのではないか。筆者はそう推測する。

ちなみに、米兵が赤ちゃんの泣き声から日本兵、民間人の居場所を知ったということがあったのか。筆者が読んだ米兵の体験記などに、そうした話は見当たらなかった。体臭や排泄物の匂いで人がいることに気付いたという話はある。

「私はスパイではありません」

「第2小隊は大きな洞窟の中で物音がするのを聞き、手榴弾を投げ入れた。それは大きな悲劇だった。爆発と同時に子どもたちの悲鳴と叫び声がした。そこには学校の制服を着た数人のチャモロ人少女が避難していたのだ。我々はすぐ彼女らの手当てをしたが、何人かはかなりひどい傷を負った。この時ばかりは、仲間の兵士の中に涙を浮かべる者がいた」

海兵隊下士官だったウィリアム・ローガルが自著『ガダルカナル、タラワとその後』の中で書いた文章だ。

この文章を補足すると、小隊は山中でいくつかの穴を見つけ、中にいると思われる日本軍の掃討作戦を始めようとしていた。ある穴に入ろうとした瞬間、死んだふりをしていた日本兵が銃を放ち、米兵の1人を殺した。怒った別の兵士が物音を聞いて、手榴弾を思いっきり穴に投げ入れた。そして、この悲劇が生まれた。


戦場には日本人と同様、山中に逃げたチャモロ人、カロリン人がいた。島で日本人と一緒に働いていた多くの朝鮮人もいた。

この項で筆者はまず、彼らにおわびしなければならない。本書は日本人の体験を中心にまとめているため、ページ数の関係で、彼らに起きた出来事をきちんと追えていない。

この項で彼らに起きた出来事を紹介するが、それは彼らを襲った悲劇のごく一部だと読者にお伝えしたい。


キリスト教徒だったチャモロ人の場合、米兵の多くがキリスト教徒であることを戦闘の最中に知った。最初は日本人に教えられたように、米兵を鬼のような存在と考えていたが、ある時点から間違いだと気付いた。「同じキリスト教徒である自分たちを殺すはずがない」と考えるようになった。そして、山中の洞窟に隠れていた人たちの中に、米兵が近づくと積極的に投降する人たちが現れるようになった。チャモロ語で平和を意味する「Ｐａｓ」と叫び、「我々はチャモロ人だ」と言いながら外に出た人たちがいたという。

積極的に投降するようになったチャモロ人だったが、山中ではやはり大きな犠牲が出た。

奥山良子は『玉砕の島に生き残って』の中で、スペイン人修道女と修道院にいる若いチャモロ人女性たちが、山中でスパイ扱いされ、処刑された出来事に遭遇したことを書いている。奥山はその現場を母親から「見てはいけない」と言われ、自分の目で確認していないが、修道女たちは日本兵に連行され、その後戻らなかった。そして、修道女らが銃殺された現場を目撃したという人に会い、強いショックを受けた。

奥山には戦争が起きる前、ガラパンの修道院で紅茶をごちそうになったり、オルガンを聞かせてもらったりした楽しい思い出があった。奥山家の隣にチャモロ人家族が住んでいて、その家族の娘がまだ小さかった奥山を修道院に案内してくれたのだ。逃避行の最後に自分以外の家族全員が死亡する壮絶な経験をした奥山だが、この時の修道女たちの悲劇も、強烈な記憶として戦後忘れることはなかったようだ。

「私は戦争を呪った。戦争の持つ悲劇に戦慄した」と書いている。


チャモロ人、カロリン人の戦争体験は、2004年にサイパンの教育界の多くの人が協力し、『私たちは私たちの涙を飲んだ』という本を出版した。小学校の子どもたちが、自分の祖父母や知り合いの高齢者に戦争中の体験、出来事を聞き、その話を子ども自身が描いた絵を添え、まとめた本だ。「子ども記者」が取材した70余りの体験談で構成された素晴らしい内容に仕上がっている。

サイパンでも戦争体験の風化は問題になっているが、こうした教育界などの取り組みは今も続けられている。


島の労働力として農場や工場、町にいた朝鮮人たちも、チャモロ人らと同様、多くの人が戦闘に巻き込まれた。米軍の砲弾だけでなく日本軍の手によって命を落とした。その現場によく登場するのは、修道女のケースと同じ「スパイ」という言葉だ。

沖縄出身者が戦後つくった「サイパン会」が出した『サイパン会誌』には、日本軍による朝鮮人処刑の目撃証言が載っている。日米の激しい交戦が続いていた山中での出来事を、当時子どもだったある元住民の男性が、強烈な思い出として記憶していて、寄稿文につづった。

「この山にスパイが入り込んでいる。注意せよ」という軍の通達があった後の出来事だった。

「(山中で)二人の朝鮮人がスパイということで兵隊に捕まった。見せしめのためだったのだろう。近くにいた避難民が呼び集められ、みんなの見守る中で銃殺された。大きな木に後ろ手でしばられた。私はスパイではありません。許してくださいと、必死に頼んでいたが聞き入れられなかった。

最後に朝鮮人は『私も立派な日本人です。死ぬ前に天皇陛下万歳を三唱させてほしい』と申し出た。そのことは許されたが、万歳が終わると同時に容赦なく撃ち殺された。この時から日本兵は避難民から怖がられた。できるだけ兵隊を避けるようになった」

DUST FROM NEARBY EXPLOSION CAUSES THIS MOTHER AND SON TO SCAMPER FROM CAVE. MANY BELIEVED JAP PROPAGANDA WHICH TOLD THEM THEY WOULD BE KILLED IF CAPTURED

tion that they would possess no fanatical desire to die for the emperor.

Civilians began surrendering on D-day, drifting toward the beaches when there was barely a 1,000-yard beachhead. Even in the heat of battle they were fed and given medical treatment. Many a tough marine, seeing a child who had been unavoidably wounded, murmured: "What a hell of a thing war is!" By D plus one several barbed-wire enclosures had been set up to provide better care for civilians.

During the 25 days of the battle the civilians—except peace-loving Chamorros—did not pour in. But they came in moderate streams. Some civilians were killed—and many, like the poor little baby shown on opposite page, were terribly hurt—because they were in caves where Japanese soldiers were shooting. There was no way of investigating the identity of people in a red-hot cave. But the number killed turned out to be smaller than had been anticipated. Everybody assumed we would finally round up the whole civilian population when the weight of battle had forced the Japs to the northern end of the island whence there was no further retreat. I heard a few officers comment that it was strange that less than half the civilian population had surrendered when the battle was 85% complete.

What the Americans found at the battle's end staggered their imagination, strained their credulity. To understand, they had to throw away all their occidental concepts of the human thinking processes. There, on the northernmost point of Saipan, a large segment of the Japanese civilian population was calmly, deliberately committing suicide. Hundreds of human beings, perhaps thousands, had chosen to die as what the Japanese so fondly call "shields for the emperor." The sight which hit the Americans' eyes on the rocky tip of this far Pacific island is shown on the next pages.

砲弾から逃げる母子（米誌『ライフ』1944年8月28日号）

ひどい話だ。筆者が目を通した様々な戦場の悲劇の中でも、極めて悪質で残酷な話だと感じる。戦争は人を狂わせる。こんなことが二度とあってはいけない。本当にそう思う。

Ⅵ　悲劇のクリフ

二つの崖の悲劇

「あの戦いの最後に私が体験したことは、人生で最も恐ろしく、現実とは思えない出来事でした。民間人が海に飛び込んだり、手榴弾を爆発させたりして、自決したんです。岩の上にいた家族が手榴弾自決を図り、死にきれなかった人が這うように海に入っていく姿も見ました」

筆者は米ニューヨーク州軍事博物館のホームページとリンクしたユーチューブ動画を見ている。語っているのはアルバート・ハリス（1924年生まれ）という第4海兵師団の元兵士だ。動画は退役軍人を対象にしたアーカイブ事業の一環で、ハリスは2001年にインタビューを受けた。動画の中のハリスは実直そうな老人で、終始穏やかに質問に答えている。それでも「最後に私が体験したことは」と言ったところでは言葉が途切れ、苦しそうな表情を見せた。

日本のサイトでも元兵士の証言を確認できる。海兵隊の通訳官でもあったロバート・シークス

（1922年生まれ）が2015年、NHKのアーカイブ事業「戦争証言」のインタビューを受け、サイパンで目撃したことを話している。

「我々がいたのは（現場から）50メートルほどしか離れていない場所で、よく見えました。私は赤ちゃんを抱いた母親の姿が忘れられません。彼女はしばらく迷っているようでしたが、覚悟を決めて赤ちゃんを投げたんです。そして3、4歩くと、自分も飛び降りました」

日系米国人から日本語教育を受け、アジア・日本文化にも通じていたシークスは、後に説明する米軍による投降呼びかけの中心人物でもある。

集団投身自決は、サイパン北端の二つの崖とその周辺で起きた。

一つは海岸から数百メートル離れた「マッピ山」（標高約250メートル）の断崖。太平洋を見渡すようにせり出す絶壁は「スーサイドクリフ」と呼ばれる。崖下は樹木が生い茂っているが、崖はほぼ直角に落ち込んでいる。150メートルを超える高さの崖から落ちたら助かる見込みはほぼない。

もう一つは海に面した「バンザイクリフ」だ。海面からの高さが数十メートルあり、荒々しい波が常に打ちつける。水深はすぐ深くなり、西海岸とは異なる険しい表情を見せる海だ。

サイパンの崖で起きた投身自決は、サイパン戦の悲劇の象徴として語られる。ただ、飛び降りた人数を記録したものはない。米軍が予想していなかった出来事であり、飛び降りた人数を数えた人がいないのだ。また、日本人も多くの人が洞窟の中にいたため、正面から見ていたわけでは

マッピ山の前に集まった米軍戦車
（1944 年 7 月 9 日、米国立公文書館所蔵）

マッピ山の崖「スーサイドクリフ」を見上げる米兵たち
（1944 年 7 月 9 日、米国立公文書館所蔵）

ない。日本人の投身自決は、米兵の目撃談が米軍従軍記者や軍幹部に伝わり、米国内で報道された。そして、後で説明するが、その情報が逆輸入される形で日本の新聞紙面に載り、日本国内でも知られることになった。

目撃した最前線の兵士は多くが20歳前後の若者だった。ただ、若い兵士の目撃談だからと言って、彼らの証言が不正確だったわけではない。前にも書いたが、一つの油断が自分の命を落とすことになる緊張感の中、彼らは目の前にいる日本人の動きを、神経を集中させて見ていた。そして、女性や子どもたちを襲った惨劇は、戦後、長い月日が流れても、彼らの記憶から消えることはなかった。

米テキサス州にある国立太平洋戦争博物館のサイトでも、元兵士本人の言葉を聞くことができる。この博物館は太平洋の戦場で戦った元米兵のインタビューをオーラルヒストリー（口述史）として、多数音声公開している。

「崖に女性たちがいて、髪をといで身支度を始めたんです。私たちは彼女らを傷つけるつもりはありませんでした。しかし、女性の1人が立ち上がると、子どもを崖から投げたんです。そして、自分も飛び降りました」（第2海兵師団、レイ・ハリソン）

「恐ろしい光景でした。男も女も崖に現れては、子どもたちを崖から落としました。そして、自分たちもすぐ飛び降りました」（第2海兵師団、オリアン・ペリー）

米国で出版されたサイパン戦に関する戦史家やジャーナリストの本には、こうした兵士の目撃談がいくつも紹介されている。

二つの崖で起きた集団投身自決は、世界史の中でも極めて特異な出来事だったのではないか。投身だけでない。海に入り、自ら波にのまれる入水自決もあった。

サイパンの衝撃的ニュースが世界に広まったのは雑誌『タイム』と『ライフ』の従軍記者、ロバート・シャーロッドの記事の影響が大きい。彼は8月7日号の『タイム』、8月28日号の『ライフ』に記事を寄稿していて、筆者はこのうち『ライフ』の古雑誌を購入することができた。「民間人による集団自決」というタイトルの『ライフ』の記事には、シャーロッドが崖にいた一人の海兵隊員に取材した話を書いている。

「きのうもおとといも、何百人もの日本人がこの崖にいました。彼らは崖から飛び降り、岩に体を打ちつけていました。崖から歩いて降り、そのまま海に入った人もいました。父親が3人の子どもを投げ落とし、自分も飛び降りるのも見ました。放り投げる前に、親が子どものどを切ったんです」

海兵隊員はシャーロッドにこう話したという。

投身自決は米軍のサイパン占領から2日後の7月11日頃が最も多かったと思われる。実はシャーロッドは11日、現場ではなく、島南部のチャランカノアに設けられた従軍記者の部屋にいた。彼はその日の午後遅く、崖から戻ってきた他社の記者から、島の北端で「信じられないことが起きている」という話を聞き、慌てて翌12日、現場に駆けつけたのだ。

シャーロッドが現場に着いた時、投身自決のピークは既に終わっていたようだった。しかし、彼は海に浮かぶ、死亡間もない多くの遺体を見た。

「崖から見下ろすと、前日に自殺したらしい7人の遺体が浮かんでいた。そのうち2人は女性と確認できるほど近くにあった。1人はプリント柄の服を着ていた。海岸の近くでは、5歳くらいの子供の遺体が波の中で揺れていた」

海で入水自決した15歳くらいの少年も目撃した。

「彼は岩の上を行ったり来たりし、まるで飛び込みの準備をしているかのように腕を振っていた。黒いズボン姿の彼は座り込んだかと思うと再び立ち上がり、さらに歩き回った。そしてついに腰を下ろし、水の中に身を沈めた。彼はしばらくの間、水面に顔を伏せていた。生きようとする本能から、一瞬腕を振り回したように見えた。しかし、それは長くは続かなかった。しばらくすると彼の動きは止まり、水面でゆらゆらと揺れた。そして、10分ほどで姿が見えなくなった」

前に米軍、背後に日本軍

多くの自決は家族単位だった。その中には、赤ちゃんや小さな子どもの命に自分の手で終止符を打った親が少なからずいた。

米国本『サイパンとテニアンの集団自決、1944年』には、親が子どもを殺すのを見たという米兵の目撃談がいくつも記載されている。

A MARINE THROWS A GRENADE AT JAP IN CAVE WHO HAS ALREADY KILLED TWO AMERICANS

A SNIPER UNACCOUNTABLY RUNS OUT, GETS SHOT AND TUMBLES DOWN THE ROCKS

HIS THIN, BLOODY BODY LIES ON A ROCK AT MARPI POINT, ON THE NORTHERN TIP OF SAIPAN

MARINES SWING CHARGE OF TNT INTO CAVE. BUT NO MORE SNIPERS WERE THERE

bases throughout the Pacific. There were many instances of heroism on Saipan. Lieut. Colonel William K. Jones's battalion bore the brunt of a Jap tank counterattack the second night of the battle. With only bazookas and antitank grenades his men held their ground, often let the tanks pass over their foxholes, then shot and knocked them out from the vulnerable rear. Then Jones's men attacked.

Near the end of the battle the Japs launched their suicidal banzai counterattack which threatened to sweep down the western shore of the island all the way to the corps command post. The Marine artillery battalion which stopped it had been set up in its new location only a few hours before. With 3,000 to 5,000 Japs (initially reported as 1,500) bearing down upon them, the artillerymen cut the fuses of their 105-mm. shells to four-tenths of a second, so that they would explode only about 30 yards in front of the guns. They mowed down Japs hundreds at a time. They finally lost their guns (after removing the breechblocks) but they continued firing with machine guns. When the machine guns overheated they shot Japs with light carbines.

These artillerymen broke the back of the Jap attack. In some spots enemy dead were piled three and four deep in front of the Marine artillerymen. Their acts of heroism cost two batteries of the battalion nearly 30% casualties. Its commanding officer, Major William L. Crouch, expert on firepower, was one of the last men killed.

The banzai attack was the last gasp of the mad, screaming Japanese. Organized resistance ceased after this attack had been stopped. There remained some mopping up. In some caves the marines found a few harmless civilians (*opposite page*). In others they were confronted by fanatically stubborn snipers (*above*).

CONTINUED ON NEXT PAGE 77

「バンザイクリフ」で投身自決をする日本人を見る米兵たち
（『ライフ』１９４４年８月28日号）

「母親たちが赤ちゃんたちを背負って、海岸の方に歩いて行った。そして、しばらく立ち止まった後、海の中に入っていった。２歳くらいの男の子と海に入った男性は、珊瑚礁の場所にしゃがみ込むと、男の子の首を絞め、窒息死させてしまった」

「民間人の中には子どもを殺してから自決する親がいた。海兵第２師団のある海兵隊員は、母親たちが自分たちの赤ちゃんを岩にぶつけ、殺しているのを目撃した」

子どもの頭を岩にぶつけ

STILL UNDECIDED, THEY WALK BACK AND FORTH. MARINES SET UP LOUDSPEAKER ON CLIFF AND CIVILIANS BEGGED THEM NOT TO KILL THEMSELVES. THIS WENT ON FOR 45 MINUTES

DECISION IS MADE FOR THEM. FROM A CAVE JAP SNIPER INSANELY BUT ACCURATELY FIRES AT COUNTRYMEN. HIT, MAN FALLS INTO SEA. WOUNDED MOTHER DRAGS SELF AFTER HIM

ORPHANED CHILDREN DASH AWAY. JAP WOMEN BROUGHT THEM TO SAFETY LEST THEY COMMIT SUICIDE AS MANY CHILDREN HAD DONE THAT DAY IN BELIEF IT WAS HONORABLE

I watched a boy of about 15. He paced back and forth on the smooth rocks, swinging his arms as though he were getting ready to dive. He wore knee-length black trousers. He sat down. Then he got up and walked around some more. Finally, he sat down and eased into the water. He floated face down on the water for a few moments. Then an instinct for self-preservation which was momentarily stronger than his will to die caused him to flail his arms. But this did not last long. He was soon quiet, bobbing on the water. In about 10 minutes he disappeared.

Looking down from the cliff I counted the floating bodies of seven others who evidently had killed themselves the day before. Two were near enough to be identified as women. One wore a long print dress, the other pajama slacks. Close to the shore the body of a child about 5 years old washed in the surf.

We do not know how many Japs drowned themselves, but we know that several thousand of them were still missing at the end of the battle. A minesweeper officer said: "The sea is so congested with floating bodies we can't avoid running them down. There was one woman in khaki trousers and a white polka-dot blouse, with her black hair streaming in the water. I'm afraid every time I see a polka-dot blouse I'll think of that woman. There was another one, nude, who had drowned herself while giving birth to a baby. A small boy of 4 or 5 had drowned with his arm clinched around the neck of a soldier. The two bodies rocked crazily in the waves."

The grisly job of gathering and burying the civilian dead (and their own soldier dead) fell to those Japanese civilians who surrendered. The stench of the bodies which had lain in the tropical sun a day or two was overpowering. The burial details covered their nostrils with pieces of cloth to perform this gruesome task.

CONTINUED ON NEXT PAGE 81

海岸で入水自決を試みる日本人を撮影したとみられる（『ライフ』1944年8月28日号）

て殺したという、耳をふさぎたくなるような話は、日本人側の証言にもある。

身を寄せ合っておこなった自決は崖だけではなかった。洞窟の中でも起きた。

多くの場合、軍人から譲り受けた手榴弾が使われた。人体に強い毒性を持つ青酸カリ（シアン化カリウム）を回し飲みしたという話も複数ある。

この本で何回も紹介している当時14歳の奥山良子も7月17日、洞窟内の集団自決で自分以外の家族全員を失った。奥山家が使ったのは手榴弾だった。同じ洞窟にいた軍曹から父親が受け取り、爆発させたのだ。母親は爆発直後、会話ができたが、出血が止まらなかった。「お母さん、死なないで」と必死に呼びかける奥山の手を握りしめ、死んだ。34歳だったという。

奥山は終戦後20年余りがたった１９６７年に『玉砕の島に生き残って』を出版するのだが、本を読むと、自分と最後の会話をしながら静かに息絶えた母親への強い思い、母親の死への深い悲しみが、筆を執った大きな動機だったと筆者は感じた。

それにしても、地上戦という異常事態の中とは言え、なぜ家族全員を巻き込む自決が連鎖的に起きたのか。これまでも指摘されていることだが、日本軍、日本兵の存在が背景にあると筆者も強く感じる。

『サイパンとテニアンの集団自決、１９４４年』によると、米軍西太平洋司令部がサイパンで収容された５００人を対象におこなった調査で、72％の人が「捕まったら虐待を受ける」という話を読んだり、聞いたりしたと答えた。

「生きて虜囚の辱めを受けず」で知られる戦陣訓をたたき込まれていた当時の軍人。民間人に対しても同様の考えを求めた。それだけではない。軍人が民間人に説いていた話がもう一つある。この本の後段で触れる沖縄でもほぼ同じ話が出てくるのだが、軍人は「米軍に捕まったら男も女も殺される。男は残虐な方法で殺され、女は体をもてあそばれ、その後殺される」と繰り返し話していた。大半の民間人もそれを信じていた。

米国の本には日本兵が民間人の命を直接奪ったことも書かれている。ロバート・シャーロッドの著書『サイパン』には、海兵隊員に取材したこんな話が書かれている。海兵隊が断崖にいる銃を持った日本兵を見つけた時のことだ。

「彼（日本兵）は父親と母親と4人の子どもたちとみられる日本人の一団が岩の上に立って投身自殺を図ろうとしているのを見ていた。そして、その家族の自決の決意が揺らいでいるのに気付いた。

すると、彼は父親を背後から撃ち殺し、海中に転落させた。彼は続いて2発目を母親に命中させた。彼女は苦しそうに岩上を30フィート（約9メートル）這って動いた。鮮血にまみれていた。狙撃兵はいよいよ子どもたちを狙った。すると母親はにわかに立ち上がり、岩の上を駆け出し、子どもたちを射程外に連れ去ったのだ。兵士は憤然とした表情で洞窟から出てきたのだが、たちまち待ち受けていた米兵の弾丸の下にどっと倒れた」

サイパンの崖での出来事を巡っては、「米軍によって島の北端に追いつめられた人たち」という言葉が出ることがある。しかしそれは、状況を正しく説明していないと感じる。民間人は「前に米軍、後ろに日本軍」という状況の中で集団自決に至ったのだ。これまでもサイパン戦に詳しい学識者が指摘しているのだが、島の北端で「米軍と日本軍に挟まれ、逃げ場をなくした人たち」という表現がむしろ正確だと筆者も考えている。

ただ、話が複雑になるが、家族での自決を決意した親に対し、必死に死ぬことを拒んだ子どもたちがいたことにも触れなくてはならない。力ずくで子どもを崖から投げようとする父親に抵抗した子どもがいた。それも元米兵の証言から分かる。

多くの日本兵を投降させたことで知られる海兵隊員ガイ・ガバルドンは著書『サイパン スーサイド・アイランド』で、自分を崖から突き落とそうとする父親に対し、「お父さんやめて。殺さないで、死にたくない」と大声で叫ぶ子どもがいたことを書いている。

おそらく親に従って崖まで来たものの、下を覗き込んだ瞬間、「死にたくない」という人間の本能が現れたのだろう。父親に「殺さないで」と懇願し、死に物狂いで抵抗した。

若い時代に日系人の友人がいて、日本語がある程度話せたガバルドン。「トマレ（止まれ）」「コロサナイデ（殺さないで）」と叫んだが、自分たちが近づこうとすると、それが逆効果になって日本人が飛び降りるので、どうしようもなかったとしている。

子どもの反対で、集団自決に至らなかった家族もあった。

沖縄のサイパン会の『サイパン会誌』には、家族で一緒に死ぬことを話し合ったが、子どもが猛反対したという話が複数載っている。

ある男性が寄せた文章の内容はこうだ。

当時12歳だった男性は、40代の父母と子どもたち計9人の大家族で逃げていた。手榴弾を持っていた父親。もう逃げられないと考え、家族一緒に死のうと提案した。上の姉は賛成したが、9歳だった妹が自決と聞いたとたんに大声で泣きだして逃げ、家族の輪に戻るのを拒んだ。この男性も反対した。恐怖心で自決を拒んだ妹に対し、当時の多くの男の子と同様、軍国少年だった男性の反対理由は「日本人は生きて最後まで戦うべきだ」というものだった。すると母親も「２人の子どもがそこまで嫌だと言う以上、無理に死なせることはできない」と言いだした。結局、父親も手榴弾を爆発させなかったという。

集団自決があったのは崖だけではない。山中での出来事も付記する。

憲兵組織「南洋憲兵隊」に所属していた人が戦後書いた『玉砕の影』という本がある。元憲兵隊員はこの中で、島北部の山中で見たことを紹介している。

「ガラパン街の慰安婦たちが輪になって肩を抱き合い、手榴弾の集団自決をしたらしく、派手な長襦袢姿（和服の下着姿）で散乱した屍体の輪が、あちこちにあった」

ガラパンの料亭などで働いていた女性たちも米軍上陸後、楼主（経営者）に連れられ、多くが山中に避難していた。しかし、楼主に女性を守る気持ちがあったとは思えない。元南洋興発社員の篠塚吉太郎が戦後書いた著書『サイパン最後の記録』には、島が戦場になっているというのに、山中の小屋で女性５人を使い、営業を続けていた人がいたことが書かれている。

憲兵隊の兵士が見た慰安婦が、どのような経緯で自決に至ったのかは分からないが、戦争と軍に翻弄された女性たちだったことは確かだ。これもあまりに悲惨な話だと思う。

「デテキテクダサイ」

日本人の集団自決が起きたサイパン北端の山と崖。

「シンパイ（心配）シナイデ。デ（出）テキテクダサイ」

米軍のサイパン占領の時期前後から、たどたどしい日本語が聞こえるようになった。日本語の通訳兵や日系兵を中心に、拡声器による投降の呼びかけがおこなわれるようになったのだ。たどたどしい日本語のほか、「カモーン」「レッツゴー」などの簡単な英語も聞かれたという。

呼びかけの中心を担ったのは、この本の中で何回も紹介している海兵隊の通訳兵、ロバート・シークスだ。シークスのサイパン戦の体験などを取材しまとめた『ある海兵隊員の戦争』には、彼が、保護した日本人少女に拡声器を持たせ、洞窟にいる親に出てくるよう、少女に呼びかけてもらった話が書かれている。

シークスと並んで投降の呼びかけに熱心だったのは、この人もこれまでも紹介している当時わずか18歳の海兵隊員、ガイ・ガバルドンだ。ロサンゼルス出身で日系の友人に囲まれて育ち、日本語や日本文化をある程度知っていたことが、呼びかけに成功した背景にある。日本兵が洞窟内で粘っていることは、米軍にとっても島占領の目的である基地建設の支障になる。そのため日本兵の確保は米軍内での評価につながった。ガバルドンにとっては軍内の評価も、投降呼びかけの大きなモチベーションだった。

米軍はビラも日本兵や民間人が潜む島北部を中心に大量にまいた。

印刷された紙には、投降した人の命を保証し、丁寧に扱うことが日本語や朝鮮語で書かれ、「降伏チケット」というカードがはさまっていた。降伏の際のルールが示され▽両手を頭の上に上げ、このカード以外は何も持たない▽複数人で同時に動かず、1人ずつ米兵の前に出る▽呼び出された場合を除いて、夜間は米軍兵舎に近づかない—などと書かれていたという。

日本の軍人、民間人はビラを見ていたのか。

実際、多くの人が目にしたようだ。筆者が読んだ本にも、「ビラを拾った」「拾ったという人がいた」などの話がいくつも出てくる。

ただ、「敵の捕虜には決してなってはならない」という考えが日本人を支配する中、米軍がまいたビラは、持っていることもスパイ扱いされかねない危険な行為だった。

ロバート・シークスの体験をまとめた『ある海兵隊員の戦争』に、こんな話が書いてある。シークスが捕らえた日本人の中に、シャツからくしゃくしゃのビラを取り出した人がいた。シークスがビラを見て出てきたのかと尋ねると、日本人はうなずき、「持っているのを軍人に見つかると殺されるかもしれないから、シャツにしまっていた」と話したという。

山形移民の娘、佐藤多津が書いた『サイパンの戦火に生きて』にも、山中を逃げている最中、父親がビラを持ってきた話が書いてある。

「父が一枚の紙を持って戻ってきました。『こんなビラが方々に落ちているそうだ。拾った人にもらってきたんだが』と見せました。『兵隊は戦うために戦場に来ているが、民間人、特に婦女子まで戦争の犠牲になる必要はない。速やかに民間人を米軍の保護の下に置き、命の安全を守ってやるべきだ。来る8日午前8時に白旗を持ってカナベラ洞窟の脇に集合せよ。わが軍はこれを収容し、保護する』という内容でした。

私たちはこれが本当なら、今の逃避行から逃れ保護して欲しい気持ちもありました。でも、敵は女ならばいたずらをし、子どもと一緒にブルドーザーでひき殺すと聞いていたので、絶対に敵につかまってはいけない。不幸にも捕まるようなことになったら自決しようと話し合いました」

当時サイパンにいた人たちは、今と違い米国人に会ったこともなければ、米国の知識もほとんど持っていなかった。多くの人が「米国人は鬼」という軍人の言葉をそのまま信じ、「ビラはデマ」と考えたと思われる。

ただ、目の前に死を突きつけられている人たちだ。「命を守る」という言葉に大きく心を揺さぶられたことは間違いない。

ビラには朝鮮人向けのものもあった。「あなたたちは朝鮮人です。なぜ日本人のために死ぬのですか。今すぐ投降しましょう」と書いてあった。「日本が負けた後、朝鮮は独立します。自由な国になるのです」と書かれたビラもあったという。

米軍のビラに書かれた「独立」という言葉。サイパン、テニアンで日本人の下で働いていた朝鮮人にとっては、予想もしない言葉だったろう。そして、朝鮮の未来に大きな希望を抱いた人もいたに違いない。

ハワイ出身の日系兵の中には、洞窟に単身乗り込む危険な行為に踏み切った人がいた。マウイ島で生まれた日系二世の陸軍兵ホウイチ・クボ（1919年生まれ）という人は、ハワイ大学で学んだ後、軍に入隊し通訳兵となった。米軍の島占拠後の7月23日、島の北端付近で、大勢の沖縄の人たちが軍人と一緒にいることを知り、民間人を解放するよう日本軍に説得する役を買って出た。

欧州戦線、太平洋戦線に従軍した日系兵の活躍について、1998年にハワイ大学が中心になり出版された本『日本人の目、米国人の心』には、クボの話が紹介されている。

洞窟に向かったクボは銃を持った日本兵に取り囲まれ、「スパイか」と詰問される。クボは「自分はアメリカ人だが、日露戦争で戦った先祖もいる」と答え、洞窟内に入ることを許された。

「なぜ日本人の親を持つのに、米国のために戦っているのか」

さらなる詰問にクボはこの言葉で返した。

「忠ならんと欲すれば孝ならず、孝ならんと欲すれば忠ならず」

「忠」は主君への忠義。「孝」は親への孝行。大切な二つの間に挟まれた苦しさを表した言葉で、クボは自分の気持ちを伝えた。彼は言葉を発したのが平安末期の武将、平清盛の息子、重盛であることも知っていて、日本兵を驚かせた。そして、日本軍との1時間以上の交渉の末、崖に張ったロープを民間人に握らせ、安全に外に出すことを認めさせた。洞窟から出てきた人は120人余りに上ったという。

クボの父親は広島、母親の両親は熊本からの移民で、彼は小さい時、ハワイにあった仏教寺院の学校に毎日通っていたという。移民の子どもに日本語と日本文化を教える学校だった。移民一世は日本文化の伝承に熱心だった。そのことが結果的にクボと洞窟にいた多くの日本人の命を救った。

最後に。では、一体どのくらいの人が投身自決したのか。

ここまで読んだ読者には、あらためてその疑問が湧くと思う。申し訳ないのだが、筆者の答えは「多くの人だということ以外、分からない」ということになってしまう。先にも述べたとおり、目撃した米兵の中にも投身者の数を正確に数えた人がいないのだ。

ただ、その出来事の強烈さから「実際より大きな数字で伝えられている」という指摘があったことも付記したい。

拡声器を使って投降を呼びかけた通信兵ロバート・シークスは「事実を誇張している」と集団自決を伝えた米国の記事について、軍当局に抗議したことがあったという。

筆者も通信社の記者をしていたので分かるのだが、報道記者は見た出来事を強調しようとするあまり、大げさに書いてしまうことがある。投降の呼びかけに努力しているシークスとしては、投身自決ばかり誇張気味に書く記者と記事に対し、投降した人も大勢いる事実に目を向けていないという不満があったようだ。

『サイパンとテニアンの集団自決、1944年』によると、シークス自身は「飛び降りたのは数百人だろう」と話している。飛び降りた人が誇張せずに数百人だとすれば、それはそれで恐ろしく大きな数字ではある。シークスは、崖の出来事を最もよく見ていた米兵とも言える人だ。筆者は知的で事実に誠実に向き合う人物像もいくつもの本で読んでいるので。彼が言う数字が実際に近いのだろうと考えている。

究極の作戦　親の愛

集団自決にばかり目がいってしまいがちな島の北端での出来事だが、子どもの命だけは助けたいと作戦を練った親もいた。その一つを紹介したい。当時子どもだった人の目撃証言なので、幾分話がぼやけているが、筆者は親の究極とも言える作戦だと感心した。そして、感銘を受けた。

それはマリエ・ソルダッド・カストロというチャモロ人女性が出版した自伝本『1ペニーも持たずに』に書いてある日本人姉妹の話だ。

当時11歳だったマリエは、戦闘の最中、ほかのチャモロ人たちと洞窟に逃げていた。洞窟に入って来た米兵に、一緒にいたチャモロ人が「我々はカトリック教徒だ」と叫んだ。その言葉を聞いた米兵が洞窟の中の人たちを誘導し、ほかのチャモロ人らとともに無事保護された。

日本人姉妹の話というのは、洞窟から出た後にマリエが見た出来事だ。

収容所への移送を待っていると、きれいな着物を着て、お金を入れた袋を持った8歳と6歳の日本人姉妹が、泣きながら道を歩いてきた。その後ろには、距離を隔てて両親がいた。両親は別れ際、「二人で手をつなぎ、（米兵に）見つけてもらうまで歩きなさい」と言ったようだ。姉妹は

米兵に保護された子ども
（1944 年６月、米国立公文書館所蔵）

何回も振り返るが、母親は戻ることを許さない。二人は目に涙をためながら母親の言葉に従って歩き続けた。

しばらくすると、海兵隊員が恐怖に怯えている姉妹を見つけた。二人から自分たちだけであることを聞いた隊員は驚いて移動手段を手配し、収容所に連れて行った。収容所では施設にいた修道女に預けられたという。

マリエが見聞きし

た姉妹の話は以上だ。マリエたちも収容所に連れていかれる順番を待っていたのだが、マリエは待っている間、二人の動きをずっと見ていたようだ。

「米兵は大人は殺しても、子どもの命までは奪わないだろう」「自分たちが死んでも、子どもの命だけは救いたい」

もちろんマリエが書いた情報だけで断定はできない。あくまで筆者の推測になるのだが、姉妹の両親はそう考えたのではないだろうか。

8歳と6歳の子どもを二人だけで敵国の兵士の元に歩かせた母親。自分が生きようが死のうが、再び娘たちと会うことはない。そう覚悟を決めたのではないか。娘との永遠の別れになっても、彼女らの命を救うには「この方法以外にない」と考えたのではないだろうか。まさに娘の命を救うための究極の作戦、究極の親の愛だと筆者は感じた。

ストックホルム発の「黒髪」報道

「ストックホルム十七日　○○特派員発」

「晴着に換え宮城拝み」「米鬼前に従容と自決」

毎日新聞は1944年8月20日、一面に大きな見出しをつけ、サイパンで起きた集団自決の様子を日本に伝えた。それは日本人記者の記事でなく、米従軍記者ロバート・シャーロッドが雑誌『タイム』に書いた記事を訳した、スウェーデン発の特派員電だった。

サイパンで起きた集団自決を伝える日本の新聞。「黒髪」の2文字が小見出しに使われている（筆者撮影）

紙面中央に目を向けると「黒髪」の2文字。「黒髪を梳（す）く　最期飾る婦女子」という小見出しの記事は、こう書いている。

「記者シャーロッドは日本人、女、子どもまでが敵前で悠揚迫らず、まず斎戒沐浴して白衣、またはそれに代わる晴れ着に着替え、静かに恭しく故国、宮城を遥拝した後、自決した荘厳なる情景を報じている」

当時の新聞記事の言葉は難しい。「悠揚迫らず」はゆったりと落ち着いた様子。「斎戒沐浴」は体や髪を洗い、体と心を清めること。「宮城遥拝」は皇居の方角に向かって敬礼することを指す。

筆者は朝日新聞、読売報知についても調べた。朝日は8月19日、読売報知は8月20日に、毎日新聞と同じくロバート・シャーロッドの記事を訳した内容を一面で大々的に報じた。ストックホルムの特派員電であること、「黒髪」の二文字が小見出しに使われていることも3社共通していた。


従軍記者のシャーロッドが集団自決を米雑誌『タイム』と『ライフ』で報じたことは既に述べているが、3社の特派員が読んだ『タイム』がどう集団自決を伝えたのか調べてみた。筆者は『ライフ』の古雑誌はオンラインストアを利用し、米国から購入することができたのだが、『タイム』は雑誌そのものを手にすることはできなかった。だが、インターネット検索で8月7日の掲載記事を探し出すことができた。筆者が訳すとこうなる。

「海兵隊員が驚きながら見た光景もあった。3人の女性が岩の上に座って悠然と長い黒髪をとかし、そろってゆっくり海に入っていった。それだけではない。最も儀式的だったのは、マッピ山の崖下の岩にいた100人の日本人だ。彼らが米軍の海兵隊員に突然おじぎをしたのだ」

日本の新聞に踊った「黒髪」の記事が、シャーロッドの記事を訳したものであることがはっきりした。自決を美化する意図からか、日本の新聞が、日本人の落ち着きや振る舞いの美しさを強調する、原文にない修飾語をつけていることも分かった。
ただ、シャーロッドの記事にも間違いではないかと思える点が一つあった。シャーロッドの記事に宮城遥拝したことを示す言葉は見当たらない。皇居を指す言葉もない。その代わりに「海兵隊にお辞儀をした」と書いてある。
サイパン島北端の崖は日本の方角を向いている。海兵隊の背後に海があり、そのはるか向こうに日本がある位置関係だ。シャーロッドが「海兵隊員にお辞儀をした」と思ったのはとんだ勘違いで、視線の先にある日本に頭を下げたのだと筆者は考えている。ただ、日本の新聞が書いたように、それが宮城遥拝だったのかどうかは分からない。自分の故郷、家族を思い、日本そのものに頭を下げたと考える方が自然な気がする。

サイパン陥落を日本の国民が知ったのはこの記事の1か月前。7月18日の大本営発表だったことは述べた。各紙は翌19日にその内容を大きく報じたが、軍幹部が自決し、サイパンとの通信が途絶えた中、詳しい状況は分からなかった。民間人の集団投身自決が起きたことを日本側が初めて知ったのは、シャーロッドの記事が情報源だったのだ。

ここでサイパン陥落、集団自決と報道について、時系列で整理したい。

7月9日　米軍がサイパン占拠を宣言
7月11日頃　島北端の二つの崖で集団自決が多発

7月18日　大本営がサイパン陥落を発表
7月19日　サイパン陥落を新聞各紙が掲載
8月7日　ロバート・シャーロッドの記事が米誌『タイム』に掲載
8月19～20日　新聞各紙が集団自決の記事を掲載

再び話を19、20日の新聞紙面に戻す。筆者はシャーロッドの記事が日米両国で大きく伝えられた理由を、あらためて考えた。それはシャーロッドの記事が両政府にとって受け入れられる内容、都合のよい内容だったからだと思った。

まず、米側の受け止め。「敵の特性」という見出しの『タイム』の記事は、「サイパンで西洋人には到底理解できない出来事が起きた」という説明を付けている。当時の米国は「米軍は無謀で狂気じみた相手と戦っている」という説明を国民にしていた。シャーロッドの記事は米政府、米軍のスタンスと矛盾しない内容だった。

一方の日本の新聞は全く違う意味で、大きく取り上げたと思われる。それはよく指摘される「戦死の美化」だ。

筆者の推測だが、黒髪を整え入水する女性たちの話は「キーワードがあって視覚的にもイメージしやすく、美談に仕立てやすい内容」だと、新聞各社は考えたのではないだろうか。

各紙は日本軍敗北、サイパン陥落の理由を問いただそうとしていない。「戦い方が間違っていたのではないか」と指摘していない。民間人に多数の犠牲者が出たことも問題視していない。その代わり「死に方が立派だった」「模範的な日本女性たちだ」とでも言うように、民間人、特に女性たちの死を賛美しているのだ。戦時中、死を美化した言葉と言えば「玉砕」がよく知られるが、日本の新聞が大きく掲載したサイパンの集団自決を伝える記事にも、筆者は似たものを感じる。

大胆な議会質問、報道の「忖度」

「不幸にして戦い得ずして敵に収容されている人もありませう。この状態はどうなっているのでありませうか」

集団自決の様子を伝える記事が新聞の一面に踊ってから20日ほどたった9月10日。第85帝国議会（臨時議会）の衆議院予算委員会で、一人の議員が各大臣に質問をぶつけた。

質問したのは中島弥団次という衆議院議員。筆者は予算委員会の質疑を防衛省のシンクタンク「防衛研究所」の戦史研究センターから取り寄せた。

中島議員の質問はこうだ。

「7月18日前内閣当時に大本営から発表されまして以来、何にもサイパン島問題に付きましては発表がありませぬ。ただ発表がありましたのは、『タイム』誌のロバート・シャーロット（筆者註：正しくはシャーロッド）という記者の報告。これが日本の新聞に載せられて非常に感銘を与えた。また我々を憤激せしめたのであります。この点について、どういう風に同胞がなっているのでありませうか。

これら多数の人々は将兵とともに倒れた、玉砕した人もありませう。また不幸にして戦い得ずして敵に収容されている人もありませう。これらにつきまして、国際公法によって第三国を通じまして、米国から知ることができるであろうと思いますが、この状態はどうなっているのでありませうか。これは一億国民が斉（等）しく聴きたい点であります」

この中で出てくる同胞とは、日本人のことを意味しているが、中島議員はその中でも「非戦闘員」、つまり民間人の消息を質した。民間人の中に、米軍に拘束された人がいるのではないかと推測し、安否の確認を求めたのだ。

当時の政府、大本営は、捕虜に決してなってはならないと軍人に強く訓示していた。民間人にもそれに準じた対応を求めていた。その意味で米軍下に入った人を気遣った中島議員の質問は大胆であり、立派だった。

これに対し重光葵大臣も「南方におきまして犠牲になった同胞の消息につきましては、これを知るために最大の努力を致したつもりでありますし、また致したいと考えます」と当時の政府の大臣としてはかなり誠実に答えている。

では、ロバート・シャーロッドの記事に飛びついた新聞各社は、どうこの質疑を伝えたのだろうか。筆者は委員会翌日9月11日の毎日、朝日、読売報知の3紙を調べた。

3紙とも中国戦線の航空部隊の戦果に関する大本営発表が1面トップだが、帝国議会関連の記事として、中島議員の質疑も小さく載せていた。ただ、いずれも政府としての戦死者への弔意、遺族救護、南洋で事業展開していた日本企業の損害救済などの内容だった。

「非戦闘員（民間人）の同胞の消息」を尋ねた中島議員と重光大臣のやり取りは、朝日が「消息を知るために最大の努力をしているが、未だ不明の状態である」という答弁を載せただけだ。その朝日も「敵に収容されている人もありませう」という質問の文言は盛り込んでいない。「国際公法によって第三国を通じまして、米国から知ることができるであろうと思いますが」という中島議員の提案は、当然のように記事から省いている。

メディアは米国人記者が見た集団投身自決の外電記事を大きく取り上げた。しかし、帝国議会で中島議員がおそらく最も聞きたかった「米軍下で生きている人がいる可能性」については、字にすることを避けたとみられる。死者を称賛する一方、米軍下に入った人は話題にもしない。今流行の言葉で言えば、一種の「忖度」だった可能性がある。サイパン戦を追う中で浮き彫りになったメディアの問題は、本書の最終項であらためて別の話を紹介する。

日米兵、民間人、島民の犠牲者数

日米の戦いで、一体どのくらいの犠牲者が出たのか。

まず、日本軍の戦死者。

『中部太平洋陸軍作戦』（防衛庁防衛研修所戦史室、1967年）によると、日本軍は陸海軍合わせて総戦力4万3582人（陸軍2万8518人、海軍1万5164人＝陸海軍の和が総戦力数と若干異なるがそのまま記載した）。これに対し兵員の損害は約4万1244人（陸軍2万6244人、海軍1万5000人）だ。「兵員の損害」というあいまいな言葉が気になるが、この数字を著書に引用している第31軍参謀の平櫛孝は「戦死・行方不明」と書いているので、その理解でよいと思われる。この数字は『サイパン島作戦』にも引き継がれ、サイパン戦関連の複数の本が引用している。この数字に従えば軍の生存者は単純な引き算で2338人となる。

筆者もこの数字を大ざっぱな目安としている。

ただ、正確とは考えていない。というのは、『中部太平洋陸軍作戦』は兵員損害の数字について「戦訓特報第二十八号を基礎とし、筆者が算出した」としている。戦訓特報は大本営が前線からの報告を分析し、次の戦いに向けた教訓として伝えていたもので、二十八号はサイパンが米軍に占拠された後の1944年7月20日に出された。

7月20日と言えば、米軍のサイパン占領からわずか11日後だ。多くの将兵がまだ洞窟に潜んでいた。その時期に出された戦訓特報を基にしているというのであれば、正確と言えないことは明らかだ。

また、『中部太平洋陸軍作戦』の数字に欠けているのは、「捕虜」になった人の数字だ。欠けているというより、把握しようという意識があったのか疑わしい。

捕虜になった軍人の数は、ある本の記述から推測できる。南洋憲兵隊の元隊員が戦後書いた『玉砕の影』にはこう書かれている。

「四千七百八十六名の捕虜と一万五千名の一般邦人が生き残ったが、生還者の数がいちじるしく小さく伝えられた原因は、終戦までの捕虜のほとんどがアメリカ本土の西海岸や東海岸の収容所へ分散収容され、他島からの者と混じり、民間人に混じって帰国した者もあったからである」

この本の著者は自身の捕虜番号が「4771号」だったとも書いている。4771とは単純に捕虜になった順番を示している可能性がある。であれば、軍人の捕虜数を4786人としているのも、ある程度信頼できる数字と思われる。この数字に基づけば、日本軍の生存者数は、『中部太平洋陸軍作戦』の記述から出される数より、多かった可能性が高い。

問題は民間人だ。民間人の死者数、生存者数もはっきりしない。『中部太平洋陸軍作戦』は「在留邦人約二〇、〇〇〇名中、約八、〇〇〇～一〇、〇〇〇名が戦没したと推定される」と記している。この数字も『サイパン島作戦』に引き継がれたほか、別の複数の本にも引用され、民間人の犠牲規模を示す標準的な概数として扱われている。戦前は朝鮮人、台湾人も邦人に含むのが一般的なので、その点の注意が必要なのだが、筆者も民間人死者数はこの「8千から1万」を一つの目安としている。

民間人の生存者数は、この数字に従えば、単純な引き算で約1万人から1万2000人ということになる。だがこれも、より具体的な数字があり、実際はもう少し多いとみられる。

沖縄県文化振興会が2004年、ススぺ収容所の米国資料を紹介した『沖縄県史　資料編18』には、米国の資料を引用している研究者の解説文に「1945年末の民間人収容者は日本人1万3954人、朝鮮人1411人、チャモロ人2966人、カロリン人1035人」という記述がある。

この数字に近い数字が別にもある。『サイパンとテニアンの集団自決、1944年』によると、米軍が終戦後の1946年に出したある資料に、サイパンの民間人の数は日本送還時点で「沖縄出身者1万1156人、本土出身者の日本人2392人、朝鮮人1451人、合計1万4999人」と書かれている。

当時の米軍は沖縄出身者と本土出身者を分けて考えているので、こういう書き方になってしまうのだが、送還された日本人の合計は1万3548人ということになる。

本書で何回も著書を引用している奥山良子は、洞窟での一家自決と山中生活を経て1945年4月頃に投降し、ススペ収容所に入るのだが、通しで付けられていた捕虜番号が「1万2千何百番だった」と著書に書いている。奥山が収容所に入ったのは、民間人の中では最後の方だったので米軍の資料と数字的な矛盾はない。

筆者はこれらの資料と文献の記述を信頼し、日本人の生存者は1万3000人台、朝鮮人の生存者は1400人台程度ではないかと考えている。

生存者数はある程度具体的に推測できた。だが本来、最も重要な数字として扱わなければならない民間人死者数は詰められなかった。理由は戦闘が始まる1944年6月時点の正確な民間人の人口が不明なことだ。この数字がある程度はっきりしていれば、戦闘前の人口から生存者数を引いて推定できるのだが、既に社会の混乱が始まっていた戦闘開始時点の日本人の数を示す信頼できる数字は見当たらなかった。

本書で繰り返し紹介している『サイパンとテニアンの集団自決、1944年』は米軍の報告を基に、サイパン島内の「東アジアとミクロネシア」の民間人死者数は1万436人という数字を独自に算出している。この大部分を占める日本人は1万人程度ということか。根拠にしている米軍報告のデータがどの程度信頼できるものなのか筆者には判断できないので、一つの算出結果として紹介するにとどめるが、『中部太平洋陸軍作戦』の・「約8千から1万人が戦没したと推定される」という記述と食い違う数字ではない。

島内全域の戦闘で、多くのチャモロ人、カロリン人も亡くなった。

サイパンにある「アメリカ記念公園」。公園に立てられたパネルには、サイパンでの戦闘に絡んで命を落としたチャモロ人、カロリン人計929人をたたえると説明し、その名前を刻んでいる。

本来彼らと無関係な日米の戦争に巻き込まれ、犠牲になった人たちだ。砲弾の犠牲になっただけではない。日本軍から根拠もないままスパイ扱いされ、殺された人たちもいた。サイパン戦のことを語る時、彼らのことも決して忘れてはならない。

最後になったが、米軍の犠牲者数はどうか。

従軍記者ロバート・シャーロッドの『死闘サイパン』によると、サイパンの米軍総数は海兵隊が4万8000人、陸軍2万人。米側の調査では、このうち戦死者、行方不明者は海兵隊が23

８２人。陸軍が１０５９人だ。
海兵隊、陸軍を単純に合計すれば３４４１人となる。米軍の上陸作戦の項で書いたが、各兵士は個人認識票を持たされていて、衛生兵が海に浮いている遺体も必死に回収し、名前を確認した。米兵の死者、行方不明者数はかなり信頼できる数字と言える。３４４１人。これも小さな数字ではない。

それにしても、資料を見比べながら、あらためて感じたのは、米軍、チャモロ人・カロリン人に対し、日本の軍人、民間人の死者数、生存者数のあいまいさが際立つことだ。太平洋戦争を語るうえで、戦死者数は極めて基本的な数字のはずだ。正確な数が分からない理由、事情はあったのだろうが、それにしてももう少し何とかならなかったのか。数字をあいまいなまま長年放置してきたのは、一体どういうことなのかと考えてしまう。

戦闘が終わったサイパンに、どのような光景が待っていたのか。島内の民間人収容所、山中の敗残兵。そして、サイパンから遠く離れた米国本土の捕虜収容施設。次の章では、三つの場所で起きたことを紹介する。

Ⅶ　戦闘後の光景

キャンプ・ススペ

「女の子が顔を出した。私の顔をまじまじと見ていたが『姉ちゃん、私のお母ちゃん見なかった？』

真剣な表情で言葉をかけてきた。

『さあ、お姉ちゃんはね、兵隊さんばかりいるところにいたので、あなたのお母ちゃん、見なかったわ』

みるみると、その子の目に涙があふれてきて、声を上げて泣きだした。

私がびっくりして見ていると、沖縄のおばさんが『エイコちゃん、心配しなくていいよ。いまにきっと、お母さん、帰ってくるよ』と慰めながら、向こうに連れて行った」

山形移民の娘、菅野静子が著書『サイパン島の最期』に、初めて収容所に連れてこられた時の出来事を書いている。午前2時だというのに、菅野を乗せたトラックが収容所に着くと、大勢の人が集まってきたという。誰もが想像すらしなかった米軍管理下の収容所生活が始まった。初めの頃は戦闘で離れ離れになった家族、親戚、友人らの安否確認の場でもあった。

米軍が島の南西海岸に上陸した１９４４年6月、上陸地点の近くに民間人収容施設がつくられた。ススペ湖というサイパンでは珍しい湖にも近く、「ススペ（ススッペ）収容所」と名付けられた。当初は人々が「バラ線」と呼んだ有刺鉄線に囲まれた空き地のような場所で、そこに戦闘で心身ボロボロになった日本人、朝鮮人、チャモロ人、カロリン人が次々と集められた。

テニアン在住のマリアナ史家、ドン・ファーレルの著書『サイパン』によると、日本人、朝鮮人の本国送還は１９４５年12月から始まり、約1年間続いている。筆者が日本人帰還者の書いた本などを見る限り、１９４６年1月が多い。民間人の収容所暮らしは、最も長い場合、1年半以上に及んだことになる。

収容所について、二つのことを紹介したい。

一つ目は戦闘が終わった収容所でなお、人々の「死」が続いたことだ。

「一番末の妹が1歳2か月でしたが、みるみる栄養失調になって収容所に来て2か月しか生きていませんでした。その上の3歳の妹も同じく栄養失調になり、寝込んでしまいました」（沖縄の『サイパン会誌』）

「勝が栄養失調のため、8月1日あっけなく死んだ。1年ちょっとのはかない一生だった。輝夫も衰弱した体を横たえていた。養生の手だてがないまま（回復させる手段がないまま）勝の後を追った。勝と輝夫はローソクの炎が消えていくように静かにこの世を去っていった」（栗原茂夫『ドキュメント　少年の戦争体験』）

民間人が戦後書いた本や文章には、弱った体力で収容所に入った赤ちゃんや幼児が、所内でも回復せず、そのまま命を落とした話が多く出てくる。今紹介した文章のうち栗原は、筆者が直接話を伺った横浜市の元小学校校長だ。著書に「日に80人の死亡者が出ることもあった」と書いている。

元南洋興発社員、篠塚吉太郎は著書『サイパン最後の記録』に「床もない生活に弱い者はどんどん倒れていってしまった。乳児はほとんど死んでしまう始末で、毎日平均30名近い死亡者が出た」と記している。

『サイパンとテニアンの集団自決、１９４４年』によると、米軍は当初、負傷した民間人への医療提供や生活再建のことまで考えていなかった。

それを裏付けるように、さまざま文章を読むと、開設時は収容所とは名ばかりで、集められた民間人が空き地に放置されたような状態だったことが分かる。体を横にする床も、簡単なトイレもなかった。医療品は日本人が元々持っていたもので間に合わせるような状況だった。

投降者が続々と集まりだしてようやく、日本人、朝鮮人、チャモロ人・カロリン人ごとの居住施設をつくり始めた。最初はテントのような簡単なもので、米軍のサイパン占領翌月の１９４４年8月頃から、ようやく収容所と言える形になった。ただ、プライバシーのない雑魚寝のような

集められた民間人。最初は収容所とは言えない地べたがあるだけの場所だった（米国立公文書館所蔵）

生活は相変わらずだった。収容所の同じ敷地には、負傷者の手当てをおこなう軍病院もつくられた。

筆者は米軍がサイパン戦後に占領したテニアンの収容所の話を、何人かから聞いているのだが、聞いた印象では、テニアンの収容所の生活環境はサイパンほどひどくはなかった。おそらく米軍は、サイパンに多数の民間人がいることを理解はしていても、日本軍との戦闘の準備、激しい戦いの中、収容所の運営まで考える余裕がなかったのだろう。初期に収容された人たちが、猛烈に劣悪な環境に置かれていたことは間違いない。

死は体力の弱い赤ちゃんや幼児、老人だけの問題ではなかった。収容者の中には、自ら死に向かった大人がいたことも、ある体験者が書いている。

戦いで両親を失い、自身も片手を切断することになった宮城信昇（1935年生まれ）だ。自身の体験をまとめた著書『サイパンの戦いと少年』には、収容所に入った後もさまざまな理由から精神的に苦しみ、自死を選んだ大人が少なくなかったことが記されている。

戦争が終結し1年たっても状況は変わらず、「夜明けに所内のどこかで木に垂れ下がった死者が発見された。そのたびに人だかりができた」と書いている。

本によると、ある中年の女性が死んだ時は、知り合いの人が「この人は家族がみんな殺され、一人ぼっちなんです。下の乳飲み子は自分の手で絞め殺したそうです。友軍の命令で仕方なかったようです」と話した。

子ども殺しが起きたことは、本書でも触れたが、この女性もその悲劇に追い込まれた一人だったということか。事情は分からないが、戦闘中の子どもの死が生き残った親を精神的に追いつめていった。そうした状況が多くの人に起きていたことは想像できる。

宮城は戦後、大学を卒業し、裁判所の書記官、事務局職員として働いた。裁判所勤務の中で、人の心の問題について考えることも多かったに違いない。当時9歳の子どもが、子どもを失った大人の気持ちを深く思いやったとは考えにくいが、収容所の出来事を振り返る中で、そうした問題に気づき、本に盛り込んだと思われる。

死は当然、日本人だけを襲ったわけではない。

ブルース・ペティーという米国人がサイパンのチャモロ人らから聞き取った戦争体験をまとめ

た『サイパン　太平洋戦争の口述史』は、ある男性が、４歳年下の妹について「妹は洞窟にいた時は元気だったが、収容所で何か悪いものを食べ、お腹が膨らんで死んでしまった」と語ったことが書かれている。

砲弾が飛んでくる危険がなくなったとは言え、初期の収容所生活は、依然多くの人が死と隣り合わせだった。

だが、ある程度時間が経過し、人々の心に落ち着きが出てくると、所内の生活も大きく変化していった。それは米軍占領下の島に生まれた「小さな戦後」とも言えるものだった。それが二つ目だ。

テント小屋が多かった収容所には、次第に自分たちで調達したトタンを使ったトタン屋根の建物が増える。木造建物も増えた。そして、食生活も徐々に改善され、１９４４年の後半からは野菜や生鮮魚肉類の配給が始まった。多くの人が亡くなった収容所だったが、最悪の環境を耐え抜いた人たちは、徐々に体力を取り戻していった。

収容所の大人、特に男性は「労働」も日課だった。米軍が日本人の男性に与えた最初の仕事は「遺体の片付け」だった。戦闘開始後、島には多くの遺体が放置されていたが、日本軍による７月７日のバンザイ突撃後は、特に島北西部の海岸と道路に遺体が散乱した。米軍は遺体を道路脇に集める作業を指示。米国立公文書館が公開している映像には、スコップを持って遺体を片付けている日本人とみられる人たちが写っている。

遺体の片付けから始まった労働だが、それが一段落すると、道路工事や港湾施設、滑走路建設の補助作業などの仕事が与えられた。少額ながら賃金も払われた。溝掘りや土砂運びのような単純作業が多かったが、弾薬運びもあった。これは日本攻撃を手助けしていることになるので、精神的には苦痛だったと思われる。多くの民間人が戦闘前に従事していた農業や畜産も再びおこなわれるようになった。地獄の戦闘を経験し、心身とも疲弊しきっていた人々だったが、労働は生活に張りを与え、前向きな気持ちを取り戻すきっかけにもなった。

さまざまな仕事が生まれた中、多くの人が記憶しているのが、「ハンディクラフト」と英語で呼んでいた工芸品づくりだ。元々はチャモロ人、カロリン人が、木工品、装飾品、椰子やバナナの繊維を使ったかごなど、彼らの文化に根ざした製品をつくっていた。だが、米軍の担当者は、日本人の手先の器用さに気付き、日本人向けの仕事を持ち込むようになった。特に女性たちの裁縫技術や巧みな手作業には感心したようだ。日本人の女性グループに、ハンカチやテーブルクロス、枕カバーなどの注文が舞い込んできた。ベルトや時計バンドもつくった。そして、多くの体験者が懐かしい思い出として語る人形づくりも始まった。

指導したのはサイパン高等女学校の教師だった杉浦延子だ。彼女の元に女学校の元生徒や所内で時間を持て余し気味だった女性らが集まり、「人形部」というグループを立ち上げた。彼女らがつくる愛らしい日本人形は、米兵の本国への土産物として評判になり、任務を終えた将兵が買いに来るようになった。軍病院の女性看護師が来て、「私の化粧品と交換してほしい」と言ってきたこともあった。作業をサポートしようと、落下傘の生地を提供したり、わざわざハワイから材料を取り寄せたりする将校まで現れたという。

実際に商売として成立したのだ。グループには「日本人手芸商会」と少々大げさな名前が付けられた。

「人形部は二十畳くらいの板の間で、細長い裁縫用の机があり、その周りにゴザが敷いてありました。楽しそうなおしゃべり、歌う人、それに合わせてハミングする人。皆明るい顔をして針を運んでいました」

両親を亡くした山形移民の娘、佐藤多津も著書『サイパンの戦火に生きて』の中で、初めて人形部の輪に入った時のことを書いている。

「両親の遺髪に手を合わせ、針を手にしながら『甘えん坊の私は一人歩きできる私に生まれ変わったのだ』と心に言い聞かせ、何としても日本に帰らなければと思うのでした」とつづっている。

米兵の発注にはユニークなものもあった。中国に長く着任し、麻雀好きになった米軍将校がいて、その人が麻雀の牌づくりを依頼してきたという。

子どもは大人以上に急速に元気を取り戻した。有刺鉄線に囲まれた中ではあったが、地面を駆け回る子どもたちは、遊びを通じ笑顔を取り戻していった。野球、相撲、ビー玉、虫取り。野球で子どもたちが握ったのは、終戦直後の遊びの回顧録でよく語られる、小石に糸を巻いただけの

米海兵師団の集合の光景をフェンス越しに見ているススペ収容所の日本人収容者。子どもが多い。フェンス前で警備している警察官はチャモロ人とみられる（1945 年５月、米国立公文書館所蔵）

「ボールのようなもの」だった。

米国の映画が上映されることもあった。ワイズミュラーが主演の、いわゆる「ターザン映画」を見た子どもたちは、映像がカラーであることにまず驚いた。映画にはスポーツニュースもあり、米兵が喜ぶアメリカンフットボールの試合に、子どもたちも見入った。

収容所につくられた小学生向けの学校では、日系二世兵らが教壇に立った。運動会や球技大会、収容所の外に出かける島内遠足もおこなわれた。ただ、英語学習中心の授業だったため、何を話しているのか理解できない子どもたちの反発も起きたようだ。実益を兼ねていたのだろう。島にいる鶏の卵集めが校外学習の一つだった。

両親を亡くした赤ちゃん、子どもたち

のための孤児院もできた。院長を任されたのはガラパンにあった沖縄県人会の中心人物で、戦後、沖縄県座間味村の村長を2期務めた松本忠徳。松本は当時51歳。優しい人だったのだろう。沖縄への引き揚げが決まると、引き取り手のない沖縄出身の子どもたちを自分の責任で沖縄に連れ帰ったという。松本は孤児院の思い出を1989年発行の『座間味村史』に書いている。

収容所近くの軍病院では、多くの日本人が手当てを受けた。少し話が脱線してしまうが、この病院に関してはこんな戦場とは思えない話もある。両親が死亡し、自身も片手を失った当時9歳の宮城信昇が『サイパンの戦いと少年』という本を出したことを述べたが、宮城はその中で、米国本土から来た女性看護師たちにとてもかわいがられたことを書いている。親を亡くした境遇や片手を失ったことへの同情もあったのだろう。宮城は看護師らの女性専用兵舎に招かれ、勤務後のリラックスした会話を部屋の中で聞いていたという。

そんな宮城にある日、女性看護師へのラブレターを渡してほしいと頼む米兵が現れた。男性の入室が禁止されている看護師の兵舎に自由に出入りしていた宮城に目を付けたのだ。すると、ほかにも女性看護師にラブレターを渡してほしいと頼む兵士が現れた。宮城はいつの間にか兵士と女性看護師の間を行き来する「ラブレター配達人」になってしまったというのだ。「配達の都度、たくさんの土産や小遣いをもらった」とも書いている。

軍病院の女性看護師は、米国本土から太平洋の戦場に派遣された、極めて数少ない女性たちだった。本国から遠く離れた死と隣り合わせの戦場だ。恋愛話でなくても、心身とも疲弊していた兵士に癒しを感じさせる存在だった可能性はある。

日本人、朝鮮人、チャモロ人・カロリン人に分けられた収容所。日本は敵国なので当然なのだろうが、米軍の方針により、所内での日本人の立場はいつも低かった。日本統治時代、日本人はチャモロ人らを「三等国民」と呼び、低く見ていたが、収容所では日本人は生活環境の改善などの際にいつも後回しだった。朝鮮人、チャモロ人の中には、そうした日本人にそれまでの恨みを晴らすかのような言葉をかける人もいた。チャモロ人の中には収容所の警察官に任命された人たちもいた。日本兵の収容所への侵入を警戒したり、所内の犯罪防止のパトロールをおこなったりすることが任務だった。米軍は1944年11月、チャモロ人、カロリン人をチャランカノアにあった日本時代の建物に移動させた。朝鮮人も1945年1月に新たにつくられた収容所に移った。

ただ、生活が落ち着いていったように見えたススペ収容所だが、収容者の中には、友軍（日本軍）がサイパン奪還に来た時には一緒に戦うという考えの人たちがいて、日本人の間には常にある種の緊張感があった。

戦局の判断、戦争の先行きに対する見方は人それぞれだった。産業力を背景にした米軍の圧倒的な軍事力と日本の劣勢を理解している人たちもいたが、多くの人が日本の最終的な勝利を信じ、疑わなかったと思われる。特に、1945年8月の終戦後は、日本の敗北を「信じる」「信じない」の論争が激しくなった。相反する考えの人への憎悪も生まれた。サイパン実業学校の元生徒の中にも、日本の勝利を信じ、山中の敗残兵に敬意を持つ人がいた。それだけではない。民間人を装い収容所に入り込んだ敗残兵の指示により、実業学校の元生徒が親米派とみなされた日本人を殺害する事件まで起きた。

この事件については、敗残兵の様子とともに次項で説明する。

収容所の説明の最後に二つ付記する。多くの人が入所した時の思い出として、強い殺虫効果で知られる「ＤＤＴ」をかけられたことを語っている。いきなり頭から粉をかけられ、びっくりしたようだ。

１９３９年に殺虫効果が発見されたというＤＤＴは、第二次世界大戦中、戦場の病気発生に困っていた米軍が多用するようになっていた。終戦直後の日本のニュース映像でも、進駐した米軍が提供した大量のＤＤＴの粉が日本の市民にかけられる様子が写されている。ＤＤＴはその後、強い残留毒性が世界的に問題になり、日本でも１９７１年に販売と使用が禁止された。

もう一つは珍しいケースと思われるが、入所者の中にハワイでの抑留生活を経験した少女がいたことだ。サイパン高等女学校の元生徒、佐藤多津は著書『サイパンの戦火に生きて』に、その同級生の少女のことを書いている。

それによると、少女は米軍上陸直前の6月11日に「ばたびや丸」でサイパンを脱出するが、船が米軍の空襲で沈没し、いったんは別の船に救助されたものの、その船も沈没してしまう。一緒に海に投げ出された日本兵らと板につかまり漂流しているところを、米船に救助され、ハワイの日本人収容所に送られることになった。そこで約10か月の抑留生活を経験した後、ハワイの現地関係者の米軍側への働き掛けもあって、サイパンに戻ることができたという。

同級生の驚きの帰島だったが、佐藤は自分の身に起きたことも打ち明け、「これからお互い頑張ろう」と励まし合ったと書いている。

「勘太郎」を歌った敗残兵

「ホリウチ、デテキナサイ」
「ヤンキー、入ってこい！」

拡声器を使ったたどたどしい日本語の呼びかけが山中に響く。そして、日本人の男の声が怒鳴り返す。

7月9日の米軍サイパン占拠後も、タポチョ山には多くの敗残兵が潜んでいた。4か月後の1944年11月、その山中で、多くの日本兵や民間人がこうしたやり取りを耳にした。

米軍が呼びかけた相手は、堀内今朝松という一等兵。色黒で体格がよく、米兵から奪ったピストルを腰に差し、同じく米兵から奪った機関銃を胸にぶら下げていた。ほかの兵士が行動を控える昼でも、上半身裸で堂々と山道を歩き、大声を上げては米兵に銃を向けた。彼が引き連れていた仲間もまた半裸で、敗残兵たちは「裸部隊」と呼んでいた。

堀内は米兵の間で最も有名だった敗残兵だ。日本人が書いたサイパン戦に関する本でも、敗残兵に関する記述では、必ずと言っていいほど堀内と裸部隊が登場する。

堀内は「長野県出身」「松本連隊の補充兵だった」という、わずかな情報があるだけの人物だが、米軍は「サイパン・タイガー」と呼び、殺害に懸賞金までかけていた。サイパン占拠後、日本空襲のための基地建設を進めていた米軍。作業を妨害し、時に米兵を殺害する堀内は、まさに邪魔な存在だったのだ。山中の敗残兵たちは堀内を「やくざ上がり」と呼び、一部の人は米軍以上に恐れたという。民間人の中には彼をヒーローのようにあがめる人もいた。

だが、山中に響いた言葉の応酬は、１９４４年11月に消えた。米軍の大掃討作戦で、堀内の姿が突然見えなくなったのだ。『サイパンの戦い　太平洋戦争写真史』によると、サイパンの米軍新聞は「サイパン・タイガーは死んだが、彼のために米軍は40人以上の犠牲者を出した」と報じた。

次の章で説明するが、この11月は米軍にとって日本空爆の大きな節目だった。「スーパーフォートレス（超空の要塞）」と呼ばれたB29が初めてサイパンに到着したのが10月。翌11月から日本本土への本格的な空襲が始まった。11月から12月は日本軍がサイパンの米軍基地に空から打撃を与えようと試みた時期でもあった。ほとんど失敗だったが、米軍飛行場では日本機による被害も一部起きた。そうした中、米軍は敗残兵の大規模な掃討作戦をおこなったのだ。

堀内がいなくなった後の12月以降、山中の雰囲気は大きく変わる。日本兵の戦いに挑む気持ちは薄らぎ、局地的な戦闘も見られなくなった。日本兵が洞窟や木陰で米兵を待ち構え、武器を片手に襲いかかるようなこともなくなった。敗残兵による「ゲリラ戦時代」の終わりと言えるかもしれない。米軍も敗残兵を戦う相手とは見なくなった。山中でいつも腹をすかし、ボロボロの服を着ている日本兵は同情、あわれみの対象にすらなった。

ところでこの「やくざ上がり」と言われた堀内一等兵。筆者にとって極めて興味深い人物だが、「長野県出身」などの限られた情報以外、詳しい経歴を知ることはできなかった。ただ、彼の人物像を探る手がかりになりそうな記述を見つけた。1945年4月頃まで山中で敗残兵と行動を共にした奥山良子が、堀内が「伊那の勘太郎を歌っているのをよく見かけた」と著書に書いている。

「伊那の勘太郎」とは何か。調べてみると、戦中に公開され、人気を博した映画「伊那節仁義『伊那の勘太郎』」（1943年公開、東宝映画）のことと分かった。主題歌は「勘太郎月夜唄」。伊那市によると、この曲は今でも、市民おどりの伴奏曲の一つとして親しまれているという。

映画の舞台は、江戸時代末期の長野県南部、伊那地方で、「勘太郎」という架空のやくざ者が主人公だ。幕末の動乱期、水戸藩の尊王攘夷派を助け活躍するストーリーで、勘太郎は戦前、戦後の映画スターの長谷川一夫が演じた。勘太郎月夜唄もヒットした。歌詞の一節はこうだ。

なりはやくざにやつれていても
月よ見てくれ　こころの錦

生まれ変わって天竜の水に
映す男の晴れすがた

軍事一色の時代、日本人好みの義理人情を描き、娯楽性も備えた作品だったことが、映画ヒットの背景にあるという。

長野県出身の「やくざ上がり」堀内が、動乱の時代、自分が信じる正義を貫こうとした映画の主人公に自身を重ね合わせたことは想像できる。軍が壊滅し指揮系統もない中、堀内は一匹狼のように山中で米軍に牙をむき、姿を消した。


ゲリラ戦時代の終わりと書いたが、ある本の記述によると、1945年2月時点でも、サイパンにはタポチョ山と周辺を中心に、依然800人以上の敗残兵がいた。

果物が自生している熱帯の山とは言え、自然の中にあるものだけで、これだけの人数が生きていくのは大変だったろう。当初あったわずかな米や缶詰めは、この頃には尽きていた。戦闘開始直後は食べることもあった家畜の牛や豚もいない。敗残兵が主食としたのは、沖縄の言葉で「チンナン」と呼んだカタツムリだった。それにパパイヤ、バナナ、椰子の木の芯、パンの木の実など、山中に自生し、口に入れることができる限られたものだった。

ある本に敗残兵のカタツムリの調理法が書いてある。まず石でつぶして頭を切り離し、米兵が捨てた空き缶に入れて棒でかき回す。すると、ねばねばした部分が棒について、肉だけが残る。

それをパパイヤやイモと混ぜ、水炊きにしたり塩焼きにしたりした。「味は貝柱のようでおいしいが、食べた後、下痢をするのが欠点だ」とも書いてある。

食べられるものなら、何でも口に入れた敗残兵たちだが、空腹の苦しみから解放されることはなかった。多くの兵士は米軍から盗むことを考えるようになった。狙ったのは山中にある米兵舎のごみ捨て場。傷んだ牛肉、かびの生えたパン、お菓子、チョコレート。たくさんの米兵の食べ残しがあった。クリスマスの後は特に狙い目だった。多くの敗残兵は命の危険を冒し、米兵の残飯を拾いに行った。

そんな単調とも言える毎日になったが、気分転換は必要だったのだろう。たまには、それぞれの洞窟から出てきて、山中の地べたで余興大会を開くことがあった。サイパンで戦った陸軍第43師団に愛知、岐阜、静岡出身者が多かったことはこれまでも説明してきた。余興大会では「木曽節」「郡上節」など中部地方の民謡が多く歌われた。

サイパンの敗残兵で特に有名なのは、終戦後の1945年12月に投降した、愛知県蒲郡市出身の大場栄大尉ら48人の部隊だ。

山中で1年半近く粘り、民間人保護の姿勢も持っていた大場部隊については、戦った元米兵が戦後、賛辞を込めて小説に描き、日本語訳の本が出版された。大場部隊の戦いを描いた映画「太平洋の奇跡」も2011年に公開された。

この本で何回も紹介している奥山良子も、家族全員を失った後、大場らの部隊の下で山中の日々を送った一人だ。奥山は、収容所の民間人が無事でいることを知った大場の配慮もあって山を下り、収容所に入った。

大場らの投降は、サイパンの北にあるパガン島の守備についていた天羽馬八という元陸軍少将に降伏命令を出してもらい実現した。12月1日、武器を捨てた陸軍30人、海軍18人の48人が整列して下山。降伏式に臨んだ大場は頭を深く下げ、持っていた軍刀を米軍将校に渡した。1年半の敗残兵生活に終止符が打たれ、降伏式も無事終了した。

ただ、全てが円満に収まったわけではない。式典の際に日本兵の服が新しかったため、米軍側が「収容所に兵士と接触し、世話をした民間人がいるはずだ」と言いだした。投降式後、敗残兵と連絡を取った人間を探す調査が厳しくおこなわれた。

サイパン高等女学校の元生徒、佐藤多津は、著書『サイパンの戦火に生きて』の中で、親しくしていた学校の先輩がこの時に罪に問われたことを記している。詳しい内容は不明だが、日本引き揚げ後に短期間服役したという話を後日聞いて驚いた、と書いている。

サイパンの投降兵は、大場部隊が最後ではない。1945年12月22日、井上清という伍長ら13人が投降した。戦後、遺骨収集活動に熱心に取り組んだ金谷安夫という元兵士が書いた『戦塵の日々』によると、井上らがサイパンで最後の日本兵の投降だったという。

サイパンの敗残兵を巡っては、もう一つ書かなければならないことがある。

民間人を装って収容所に入った敗残兵が、血気盛んな若者に指示し、親米派とみなした日本人を殺害したとされる事件だ。

事件は1945年8月の終戦後に起きた。米軍が日本の降伏を収容所の民間人や捕虜兵に伝えた後、日本人の間では収容所でも山中でも、敗戦、終戦が「本当なのか、米軍が流したうそなのか」激しい議論が起きていた。

事件はそんな日本人の気持ちが動揺していた中、起きた。殺害を実行したのは沖縄県出身で19歳だった、実業学校元生徒の新垣三郎（1926年生まれ）。指示したとされるのは日本軍の伍長。伍長は敗残兵内だけでなく、収容所内の民間人とも接触を持ち、敗戦を受け入れ、米軍の収容所運営に協力していた日本人をリストアップしていた。

事件後、実行犯であることが発覚した新垣は、裁判で死刑判決を受けたが、グアムの戦犯収容所で終身刑に減刑。さらにハワイに移送された。そこでキリスト教と出合い、洗礼を受けた。模範囚となった新垣は1954年に釈放された。帰国後、あらためて勉強して牧師となり、故郷沖縄で伝道活動を始めた。しかし、新垣を殺人に仕向けた伍長は、なんとほかの日本兵らと一緒に早々と帰国していたのだ。新垣は最終的に伍長を許すのだが、伍長が責任を自分に押し付け、サイパンを離れたことを知った時は、彼を心の底から恨んだという。

当事者のやり取りと事件の背景、新垣の牧師としての活動は、広島県の広島三育学院が中心となって出版委員会をつくり、1983年に『死刑囚から牧師へ』という本にまとめた。新垣が牧師活動の一環で、同校の高校生への講演をおこなったことがきっかけとなり、関係者が講演内容を後世に残そうと、補足取材もして出版したのだ。

事件は、弁が立つ年長者が若者の純粋な心を利用した出来事という見方ができる。年長者は最後は若者を捨て、保身に走った。

ただ、インターネットどころかテレビもない時代だ。米兵が日本人に伝えた「戦争は終わった」「日本は負けた」というニュースが、多くの日本人にとって不確かな情報に思えたことも、また事実だろう。それはサイパンの日本人社会の動揺と混乱、さらに一部の人たちの過激な対立を生んだ。

同様の事件は隣のテニアン島でも起きた。収容所内で終戦、敗戦を熱心に説明していた民間人が、敗戦を信じない人たちに憎まれ、1946年1月頃、殺された。待ちに待った日本への本格帰還が始まった矢先の悲劇だった。

マッコイ　語られなかった米本土体験

まっすぐに伸びる道路。窓越しに見える丘陵地帯に牧草地と松の針葉樹林が交互に現れる。2023年11月、筆者はアメリカ、五大湖地方の西に位置するウィスコンシン州を訪れた。酪農が盛んでチーズの産地として有名な同州。北海道に似た雰囲気だが、やはり大陸ならではのスケールの大きさを感じる。

「あの丘が氷河に侵食したところと侵食されなかったところの境界なんだ」

取材旅行に協力してくれた日本通の知人Rさんが、州の地形と景観がつくられた経緯を説明してくれた。点在する湖、なだらかな丘。氷河の拡大と後退がもたらした景観であることを、地形学の知識のない筆者も理解した。

筆者が向かったのは米陸軍基地「フォート・マッコイ」。第二次世界大戦中はキャンプ・マッコイの名で、欧州戦線のドイツ軍捕虜と太平洋戦線の日本軍捕虜が入った、米国有数の収容施設だった。

正直に書くと、筆者は訪米前、基地内に入る許可を施設当局に申し込んでいたのだが、結局認められず、基地訪問は車で周辺を回るだけになってしまった。緊迫する世界情勢の影響もあるのかもしれない。それでも熱帯の島サイパンとは真逆の内陸寒冷地のドライブは、約80年前この地に送られた日本兵の驚き、戸惑いを想像させてくれた。

止めた車の目の前をリスが横切った。「かわいいな」と思った瞬間、素早い動きであっという間に視界から消えた。

「ここには、リスがたくさんいるんだよ」

何気ないRさんの言葉に、筆者は日本兵が確かにこの地に送られてきたのだと感じた。筆者が目にした日本兵の収容所体験記にも、リスを見たという話が書かれている。人間同士の戦争など全く関係ないリスの愛らしい動きは、陰鬱な捕虜生活の彼らに癒しを与えたに違いない。

この章ではサイパン陥落後の島の出来事、民間人と敗残兵の様子を説明してきたが、その最後に米本土に送られた捕虜について触れたい。

実は、マッコイ収容所に入った日本兵捕虜に関する情報は少ない。戦後、捕虜体験を包み隠さず語った人がほとんどいなかったためとみられる。彼らの生活に関する本や記録も非常に少ない。

ただ、全くないわけでもない。筆者の手元には、ハワイ真珠湾攻撃の特殊潜航艇の乗組員で、「捕虜第一号」になったことで知られる海軍元少尉の回顧録『酒巻和男の手記』（復刻版）、大本営が初めて玉砕したと発表したアリューシャン列島・アッツ島で捕虜になった元陸軍兵が作家に依頼し書籍化した『アッツ虜囚記』、サイパン戦で捕虜になった元学徒動員兵の体験記『マッコイ病院』がある。中でも『マッコイ病院』はサイパンからマッコイに移送された人たちがいたことを明確に示す極めて貴重な本だ。

十分とは言えない情報を補足してくれたのが、英語の本、資料だった。筆者が目を通したのは『スタラグ　ウィスコンシン』という1冊の本と、10年以上前、地元の大学生によって書かれた論文だ。筆者はこの本と論文に非常に感謝している。スタラグはドイツ語で捕虜収容所を意味する言葉だという。第二次大戦当時、同州にマッコイをはじめとする、いくつもの施設があったことに関心を持ったベティ・カウリーという地元の元歴史教師の女性が、戦時下の新聞記事などを丹念に集め、施設の運営と捕虜生活の実像を描いた力作だ。

名前のとおり、ドイツ兵捕虜に関する記述が本の主要内容なのだが、日本兵捕虜に関する記述も多い。論文というのはブランドン・スコットという地元のウィスコンシン大学オークレア校の元学生が、米軍の歴史への関心から２０１０年に作成した「知られざるキャンプ・マッコイ」だ。

筆者は２０２３年11月の旅行で、論文の担当教官だったセリカ・ダックスワースロートン教授に会うことができた。そして、適正な方法で研究、提出された論文であることを確認した。以下、日米両国で書かれた本、論文を元にマッコイ収容所の出来事を語る。

マッコイ収容所について語る前に、サイパン島内につくられた日本兵捕虜収容所について説明する。

サイパン島内の収容所は当初、東海岸近くのドンニーという地区につくられた。捕虜をすし詰めにした収容施設と呼べないような狭い建物で、周囲には有刺鉄線が張られた。捕虜の増加に伴い、米軍は西海岸のマタンシャ地区に新たな建物をつくり、この施設が満員状態になるとその都度、船で島から移送したようだ。

投降を強く拒否した日本兵だが、それでも捕虜の数はサイパンだけでも1000人規模で増えた。終戦後まで山中で粘ったような兵士は、サイパンから直接日本に引き揚げたが、戦闘中や組織的戦闘が終結した直後に収容されたような人は、ハワイに送られ、さらに米本土に向かった。「海を見つめた兵士」の項で書いたように、海上で拘束された日本兵も多くが米本土に移送されたとみられる。

米本土に送られた捕虜たち。彼らが到着したのは、西海岸サンフランシスコだった。取り調べのような手続きを経て、鉄道に乗り換えた。捕虜を乗せた列車はロッキー山脈を超えて、ひたすら東に向かった。その終着点がマッコイ収容所だった。今も基地周辺にはアムトラック（全米鉄道旅客公社）の路線が走る。当時は敷地内まで列車が入り、施設のすぐ近くで捕虜を降ろしたようだ。
スコットの論文によると、計5つの施設があった。二つがドイツ兵用、二つが日本兵用、そして一つは朝鮮人用だった。周囲には有刺鉄線が二重に張り巡らされ、複数の監視塔で兵士が常時見張りをしていた。地面を掘って逃げるのを防ぐため、地下にもコンクリートの壁がつくられた。論文に示された資料によると、終戦直前の1945年8月1日時点のキャンプ・マッコイの日本人捕虜は2762人。米国内の別の施設も含めると、さらに2000人余りがいて、米国内全体では5000人弱の日本兵捕虜がいた。残念ながら、このうちサイパンで戦った兵士がどのくらいかは分からない。

3冊の日本語の本からは、捕虜たちが十分な食事を与えられ、健康的で文化的生活を送っていたことが分かる。

「食事は3600カロリーが保証され、献立作りや調理は捕虜仲間が行った」「バターやチーズ、ミルク、生肉、野菜を使った日本人好みの料理が毎日のように出た」「食糧自給が奨励され、菜園には大根、ネギ、キャベツ、トマト、ほうれん草などあらゆるものが栽培された」

『アッツ虜囚記』にはこう書いてある。同書には「野球もできたし、テニスも楽しめた。すもう大会は頻繁にあった」とも書かれている。捕虜自ら台本をつくった演劇の公演や演芸会もあったようだ。

地元の元教師が書いた『スタラグ』には、図書室に日本語の本が600冊あったことも書かれている。日本兵にはいなかったようだが、ドイツ兵の中には地元の大学に通い、単位を取得した人たちがいたという。同書によると、軍は収容所運営について、世界各地で青少年の育成事業を展開するＹＭＣＡの協力、支援を得ていた。施設の文具類や楽器、スポーツ用具は多くがＹＭＣＡの提供だったようだ。

それにしても、筆者から見ても捕虜とは思えない良い待遇だ。

日本兵捕虜の収容にマッコイが選ばれた理由には、ウィスコンシンが白人の多い州で、外見の異なる日本兵の逃走の恐れが少ないことがあったようだ。収容所生活の充実を図った背景に米国の資本主義の正しさを捕虜に伝える狙いがあったとも、『スタラグ』は指摘している。

少なくとも表面的には恵まれた生活だった。だが、捕虜が穏やかな気持ちで過ごしていたわけでないことも、体験者が書いた文章からよく分かる。穏やかでないというより、精神的にはかなり苦しんでいた。

米軍に拘束され、捕虜施設に入って「死なずに済んだ」とほっとした人たちもいただろう。ただ、「生きて虜囚の辱めを受けず」の戦陣訓が徹底されていた当時の日本軍。彼らにとって捕虜として米本土の土を踏むことは「間違ってもあってはならないこと」「決して越えてはいけない一線を越えてしまったこと」だった。

これが彼らの苦しみの根底にあったと思われる。

衣食住が満たされた生活であればあるほど、戦陣訓の呪縛に苦しんだのではないか。「自分が敵国で捕虜生活をしていることを家族が知ったらどんなに悲しむか、失望するか。そして、どんなに迷惑をかけるか」。そのことも彼らを苦しめた。そのためだろう。日本兵の施設には「心の問題」「心の病」を抱える人たちが少なくなかったようだ。仲間の目から見ても、言動が明らかにおかしかった人、普通でなかった人たちがいたという。

日米の本、資料をいくつか読むと、彼らを縛ったのが戦陣訓だけでないことも分かる。捕虜たちは敵国の施設に入ってもなお、小さな「日本軍社会」をつくっていた。そして、その日本軍社会は、軍の価値観の中でいくつもの対立構造を生み出していた。

まず国レベルの対立があった。日本人捕虜とドイツ人捕虜は食堂や理髪店などを共有していたが、一部の個人同士のやり取りを除いて、ほとんど交流がなかった。『スタラグ』には「互いに自分たちの人種の方が優れていると信じ、嘲笑しあっていた」と書いてある。確かに『アッツ虜囚記』には、ドイツ施設の庭の手入れがずさんで殺風景だと、見下したような記述がある。戦時下の同盟国でありながら、見た目も文化も違った日本人とドイツ人。この対立は米国人から見ても分かりやすかったろう。

ちなみに、収容所に入った朝鮮人たちの、日本軍に対する怒りはかなり激しかったようだ。「米軍に入隊したい」と志願する朝鮮人捕虜がいたという。米軍は志願者が出る度に断ったようだ。ドイツ兵施設では親ナチスと反ナチスの対立も生まれていた。

では、日本人の捕虜同士がまとまっていたかというと、全くそんなことはなかった。筆者の整理では、少なくとも三つの対立、緊張関係があった。

一つは日本軍の「定番」と言える陸海軍の争いだ。初期の捕虜の大半は海軍だったが、サイパンを含むマリアナ諸島の捕虜が送り込まれるようになって、陸軍将兵も増えた。陸軍、海軍は日本軍劣勢の責任がどちらにあるかという問題から、日常生活の些末なトラブルまで、互いに悪口を言い、優劣を競っていた。

戦争末期から終戦後にかけては、これも海外でよく起きたことなのだが、日本は負けてないと頑なに主張する「勝ち組」と、負けたことを受け入れる「負け組」の争いが起きた。

そして三つ目。これは米軍将校らにはおそらく分からなかったろう、微妙な問題だった。階級を巡る問題だ。

当たり前だが、捕虜に階級が上がる進級はない。そのため収容所では、後に来た人たちの方が以前からいた人に比べ、上位の階級で入所する傾向にあった。年下で軍歴が短くても階級が上ということが起きた。現代も組織内の肩書にこだわる人はいるが、当時の軍人にとって階級は、現代の会社の肩書とは比べものにならないほど大きな意味を持った。階級が一つ違えば立場も話し方も異なった。

「若造のくせに下士官づらするな」「兵のくせに上官に盾突くとは何事だ」

そんな、当事者以外は関心を持たないような言い争いが起きた。彼らも日本に戻った後は、取るに足らない問題だったと思い直したかもしれない。ただ、米国に現れた「小さな日本軍社会」の一員だった捕虜たちにとって、それは些末とは決して言えない問題だった。

衣食住の満たされた生活と裏腹に、さまざまな呪縛、対立に苦しんだとみられる日本兵捕虜たち。米軍当局と担当将校にとっては、「脱走」と「自殺」が大きな問題になった。

容姿の違いがなく、米国社会に潜り込みやすかったドイツ兵に対し、捕虜の脱走件数は極めて少なかった。それでも試みた人はいた。


『スタラグ』によると、収容所前の道路を西に向かえばミシシッピ川に着くこと、川が米国を縦断し南部のメキシコ湾に流れ込むことを知っている人がいて、詳細な逃走計画を練った。実際に収容施設から数十キロ離れたミシシッピ川まで歩き、ボートを奪って川を下り始めるところまでは成功した。しかし、白人の多い地域の中で、アジア人の容姿は目立ったのだろう。川を少し下ったところで、軍当局に連絡され、連れ戻されたという。

脱走以上に問題になったのが自殺だった。


『スタラグ』には1944年11月、収容所内で看守が1人の捕虜が首をつっているのを見つけたことや、看守がほかにも5人の自殺があったと報告したことが書かれている。日本への帰国という段階に、何人もの自殺者が出たことも書かれている。

終戦後、日本への帰還が決まった時、捕虜たちは喜ぶどころか、とても緊張した表情を見せたようだ。「日本が、故郷が、そして家族が、捕虜になり生きて帰る自分を受け入れてくれるだろうか」。その不安が大きな理由だったと思われる。

戦後の日本では、「捕虜になった人も暖かく迎えよう」という意見を口にする人たちもいたようだ。しかし、戦地に出向いた多くの兵士が帰らぬ人となり、国内でも膨大な犠牲者が出た中、生還した兵士に対し、冷たい視線、言葉を浴びせる人もまた、少なくなかった。

実際、捕虜第一号の酒巻の場合、帰国が新聞で報じられた後、全国から手紙が殺到した。激励が多かったが、3割は「割腹して英霊にわびろ」などと非難する内容だった。酒巻は黙って耐えたという。

「自分は生きて帰ってよいのか」

それは捕虜たちにとって、極めて切実な問題になっていた。米軍当局もこれに気付き、自殺防止は無視できない課題となった。捕虜の帰国を前に、日系人カウンセラーによる「命の大切さ」を学ぶ講習会を開いたことがあったという。

米本土に送られた人たちに関しては、筆者はある推測もしている。

多くの人は召集、地獄の戦闘、米本土での捕虜生活という一連の出来事を、自分の中で整理できなかったのではないか。そう感じている。

サイパン兵の中心だった陸軍第43師団は、本書で述べたとおり、戦局の悪化で召集令状を送られ、大急ぎで輸送船に乗せられた人たちだった。農業、会社員、自営業。普通の生活をしていた人たちが、どこに行くかも分からないまま、南方行きの船に乗せられた。サイパンで想像もしなかった巨大戦力の米軍と戦い、戦場の地獄を見た。

そして捕虜となり、予備知識もないまま、米本土に送られた。米国の地理や社会をある程度知っている人はいたのだろうが、外国に関する知識の量は現代と比べたら圧倒的に少なかったはずだ。自分たちが一体どこにいるのか。マッコイ収容所が世界地図のどこにあるのか、日本との位置関係はどうなっているのか。それすらつかめない人が多かったのではないか。

召集から捕虜になるまでの激しすぎる変化が、わずか1年程度の間に起きたのだ。普通の人なら、一連の出来事を整理できなくて当然だ。

捕虜第一号の酒巻が自動車大手、トヨタ自動車工業（現・トヨタ自動車）に入社し、同社と関連会社で企業人として活躍したことは知られているが、そのほかの人たちも帰国後、戦後の日本で新たな歩みを始めた。そして、繰り返しになるが、彼らは捕虜だったこと、米本土で生活したことについて、ほとんど語らなかった。

千人単位の日本兵捕虜が収容された米ウィスコンシン州・マッコイ収容所。ここでの生活を送ったドイツ人、日本人、朝鮮人は終戦後、それぞれの母国、故郷に帰った。『スタラグ』によると、施設は1946年6月、第二次世界大戦における役割を終えた。

Ⅷ　B29の島、悲劇は沖縄へ向かった

超空の要塞

1944年10月12日。

サイパン南部の真新しい8500フィート（約2590メートル）の滑走路。日本統治時代のアスリート飛行場を拡張する形でつくられた「イズリー飛行場」に、第21爆撃集団の司令官が降り立った。ヘイウッド・ハンセル准将だ。彼が乗ってきたのは日本本土空爆の中核機として配備が決まっていた大型戦略爆撃機B29「スーパーフォートレス」だ。「空飛ぶ要塞」と呼ばれたB17を上回るという意味で、「超空の要塞」などと訳される。全長約30メートル、全幅約43メートル。ハンセルが乗った機体の名は「周囲を驚かす」というニュアンスを込めた「ジョルティン　ジョシー」だ。

マリアナ諸島への侵攻は、日本本土を直接叩くための基地建設が目的だった。この日は米軍にとって、サイパン占領の当初の目的を実現した日と言えた。

本書はこれまで、サイパンの戦いを中心に記述してきたが、この項のＢ29に関しては、サイパンに続いて米軍が占領したテニアン、グアムを含むマリアナ諸島３島の出来事として説明したい。

日米の戦いが終わった３島にやって来たのは海軍建設工兵隊だった。砲弾ではなく土木、建築工事の重機、資材を持ち込んだ。ブルドーザー、トラック、クレーン。米軍は島で採掘できる大量の石灰岩も利用し、急ピッチで滑走路建設を進めた。そして誕生したのがサイパンの「イズリー飛行場」、テニアンの「ノースフィールド」「ウエストフィールド」（現テニアン空港）、グアムの「ノースフィールド」（現アンダーセン空軍基地）などだった。飛行場ごとに第21爆撃集団所属の爆撃航空団が割り当てられ、イズリー飛行場には第73航空団が配属された。

米本土ではＢ29の搭乗チームが次々に編成されていた。チームは日本爆撃の運命共同体とも言えるもので、司令官、パイロット（操縦士）、ナビゲーター（航路指示担当）、爆撃手、射撃手、エンジン担当、通信士など11人が１クルーの基本単位だった。米カンザス州などで訓練を積み、実際に機体を操縦し、太平洋に着任した。各クルーは機体に思い思いの名前を付けた。そして、機首近くに「ノーズアート」と呼ばれる絵を描いた。搭乗員の士気を鼓舞する目的だったというが、現代であれば社会規範上、とても許されないだろう。半裸の女性がポーズを取り、兵士にほほ笑むような絵が好んで描かれた。

11月１日。大型爆撃機が突然、東京上空に出現。偵察飛行をおこなった。

サイパンを飛び立った「東京ローズ」という名のＢ29だ。東京ローズは日本のプロパガンダ放

サイパン・イズリー飛行場に並んだB29
（テニアン島在住のマリアナ史家、ドン・ファーレル氏提供）

送だったラジオ番組の女性アナウンサーに米兵がつけていた愛称で、米軍の中で有名だった。1942年4月の「ドゥーリトル空襲」のB25編隊以来となる、東京上空を飛んだ米爆撃機だった。東京ローズは航空関連など軍事産業の拠点も回った。

米国の本には、B29が上空3万2000フィート（約9800メートル）から計7000枚の写真を撮ったとしている。米軍はその後も度々偵察飛行し、三菱重工業・名古屋発動機製作所（名古屋市）、中島飛行機・太田製作所（群馬県太田市）、川崎航空機・明石工場（兵庫県明石市）などを特に念入りに調べた。

11月17日、日本空爆に向かう初フライトを控えたイズリー飛行場はさらに沸き立った。

米国の戦史作家、ジョン・トーランドの『ザ・ライジング・サン（大日本帝国の興亡）』

によると、この時にサイパンには、B29の東京出撃を一刻も早く米国に報じようとするメディアが集結していた。記者24人のほか、搭乗員の乗り込む様子を撮影しようという写真、映像の各社カメラマンが待機していた。ただ、マリアナ諸島で続いた暴風雨の悪天候の影響で、実際の本格的な日本（東京）初空爆は11月24日となった。

B29編隊の日本本土空爆は、1945年1月に第21爆撃集団の新たな司令官カーチス・ルメイ准将（最終は大将）が着任し、約10万人の死者を出した東京大空襲（3月10日）など、次々に大都市を狙った無差別爆撃を展開するようになる。ルメイは荒い気性でも知られた人物で、それまでの昼間の高高度飛行は効果が薄いとして、夜間の低空飛行を作戦の中心に据えた。地上から反撃されるリスクを冒しても、攻撃対象に徹底した被害を与えようとした。

焼夷弾には米軍が開発した新兵器の一つとして紹介した「ナパーム弾」が使われた。ナパーム弾は、着弾後ナパーム（油脂）を周囲にまき散らすように設計され、木造家屋が多かった当時の日本の都市は、この焼夷弾によって瞬く間に火の海となった。ルメイの狙いは空爆というより放火だ。彼が指揮した日本本土空爆は、都市、産業基盤を丸ごと焼き尽くす「大規模放火作戦」だった。

全国至る地域に及んだ空襲被害の大きさは、この項の字数の中でとても書けるものではない。大都市、産業基盤をつぶした米軍はそれだけでは飽き足らなかったのだろうか。1945年4月以降になると、全国の地方都市にターゲットを広げた。米軍は日米の激戦で知られる硫黄島の戦い（1945年2〜3月）で同島を占領するが、硫黄島はB29の不時着地だけでなく、燃料補給地、発進基地としても重宝された。硫黄島の獲得はそれまで航続距離の理由から難しかった東北地方などへの攻撃を可能にし、攻撃範囲を広げた。『米軍資料　日本空襲の全容』によると、米軍空爆の作戦任務は計331回に及んだ。

空襲による日本人の死者数は不明のまま今に至っている。報道機関の調査なども含め多くの資料が違う数字を記しているが、原爆が投下された広島、長崎を含め30～40万人という数字を示しているものが多い。その中の一例だが、2020年8月16日の毎日新聞は「原爆を含む大規模空襲があった107自治体が把握している空襲の死者数は約38万7000人であることが毎日新聞の調査で判明した」とする記事を一面に掲載した。

ただ、B29の日本本土空襲を巡っては、違う視点も忘れたくない。B29が常に加害者だったわけではない。米軍パイロットたちの中にも少なからぬ犠牲者が出た。それも事実だ。

米軍は終戦後、空襲の結果を調査し、『米国戦略爆撃調査団報告』というものを作成し、日本でも1996年にこの報告の邦訳書『ジャパニーズ・エア・パワー』が出版された。訳書によると、米調査団の報告は「B29ののべ出撃機数は3万3401機。損害はあらゆる原因による喪失485機、破損2707機、搭乗員の死亡3041人」と記している。これが正しければ、米軍は約70回の出撃に1機の割合で機体を失ったことになる。悪天候による山腹激突や燃料不足、機体の故障などが理由だ。日本軍の対空砲火や日本軍用機に空で攻撃を受けたことによるものも少なくなかったようだ。

墜落した機体の搭乗員は墜落時に多数が死亡した。パラシュートで地上に降り立っても、多くが憲兵に連行され、悲惨な最期を遂げた。一部は戦争を生き延びたものの、人を人と思わない扱いは当たり前だった。ある元少尉は東京・上野動物園で、おりに裸で入れられ、見世物になった経験を戦後明らかにしている。

日本国内に墜落したB29を巡っては、中央大学（東京）の大学生がプロジェクトチーム（編集委員・松野良一教授）を立ち上げ、全国各地にあるB29搭乗員の慰霊碑を探し出して関係者に取材。2017〜2018年に『日本全国B29慰霊碑物語』『続・日本全国B29慰霊碑物語』という本に仕上げた。

「敵だった米兵をなぜ慰霊したのだろう」という素朴な疑問から、大学生が日本各地に出向き、慰霊碑がつくられた経緯や関係者の思いを丹念に取材した。B29によって町が破壊され、数え切れない人が死んだ当時の日本。そんな時代でも「死んだら同じ仏様」「米兵にも本国に親がいるはずだ」と考え、無残な遺体を供養した人がいたことが分かる秀逸な内容だ。

もう一つの「特攻」

B29の本土空襲、サイパンの米軍基地を巡っては、もう一つ書かなければならないことがある。1944年11月から12月にかけ、日本軍用機による基地への攻撃が断続的に試みられたことだ。そして、将兵が機体ごと突っ込む「特攻」が実質おこなわれたことだ。

11月1日に日本本土への偵察飛行があり、同月下旬に本格的な本土空襲が始まったことを述べたが、防衛庁防衛研修所戦史室が発行した『沖縄・台湾・硫黄島方面　陸軍航空作戦』などによると、日本の軍用機がサイパンに初めて攻撃を試みたのは翌2日から3日だった。

この攻撃は、スズペ収容所にいた篠塚吉太郎が著書に記している。けたたましいサイレンの音が所内にも鳴り響いたので、日本人の誰もが記憶していた。日本機は11月7日にもイズリー飛行場への攻撃を試み、撃墜された。篠塚の著書によると、7日の時は、収容所の日本人がなんと米軍の許可を得て、遺体で運ばれてきた戦闘員らを収容所内に埋葬した。庭につくられた小さな墓に花が手向けられたという。

最も大規模なイズリー飛行場への攻撃は、11月27日だ。未明と昼の2回に分かれ、未明は陸軍、昼は海軍がおこなった。

このうち海軍は零戦（零式艦上戦闘機）12機と誘導機2機の編隊「第一御楯特別攻撃隊」を組み、硫黄島から出撃した。誘導機1機のみ日本に生還し、搭乗員がその日の出来事を後世に残そうと、1996年に冊子にまとめた。

計画はこうだ。硫黄島離陸後、誘導機がマリアナ諸島まで誘導し、諸島の海域で別れる。零戦12機は米軍のレーダーを避けるため、高度50メートル以下に降下。マリアナの島々を横目に見ながら、サイパンに向け海面すれすれを進む。サイパンのイズリー飛行場を確認したら一気に高度300メートル以上に上昇し、そのままB29目がけて急降下、銃撃する。

零戦12機のうち1機は海面5メートルを飛行して波をかぶり、機体トラブルが発生。サイパンから約300キロ北にあるパガン島に不時着した。残る11機のうち1機は任務からパガン島に戻ったが、米軍機に追われて被弾し、地面に激突して搭乗兵は死亡した。ほかの機体は計画どおり、サイパンの米軍機に攻撃を仕掛け、米軍の対空砲火に撃たれるか、基地の近くや海に墜落し、任務を終えたとみられる。

零戦搭乗員の中で唯一の生存者となったパガン島不時着機の隊員も、その後別の軍務で死亡。零戦12機のパイロットは結果的に全員が戦死した。ただ、この特別攻撃隊が米軍基地に小さくない打撃を与えたことも事実だ。強行着陸した人がいたことも戦後、厚生省の遺骨収集事業をきっかけに判明している。

記録によると、事前の計画は、機体ごと米軍基地のB29に体当たりする「特攻」を指示していない。攻撃を短時間で終えた後パガン島に戻り、迎えの潜水艦に救出してもらうというものだった。

しかし、誘導機の乗員だった人があることを鮮明に記憶していた。

参謀が事前の指示で「パガンに戻るにはサイパン上空で5分ぐらいしか行動できないがどうする」と若い隊員たちに尋ねた。隊員全員が即座に「突っ込みます」と答えたという。

自分の命を捨て任務を全うしようとする美談とする見方もあるかもしれない。しかし、筆者はそうは思わない。参謀は、若い隊員の純粋な気持ちにつけ込み、巧妙に「突っ込む」という言葉を言わせたのだろう。その意味で実質「特攻」だったと、筆者は考えている。

実は、この攻撃が米軍基地にどの程度の被害を与えたのか。当時の日本側には分からなかった。搭乗員が帰還せず、誘導機も状況を確認することができなかったからだ。被害が判明したのは、戦後、米軍資料、記録を見ることができるようになってからだ。当時基地にいたチェスター・マーシャルという米軍パイロットが、日本への空爆体験を書いた『スカイ・ジャイアンツ』という本によると、この日の12時間の間に、その時間帯にサイパンにあった約１５０機のB29機のうち11機が破壊されたり、大きな損害を受けたりした。

実際、イズリー飛行場の米軍基地内は27日の未明も昼も大騒ぎだったという。『スカイ・ジャイアンツ』には基地にいた米兵たちの慌てぶりがつづられている。

搭乗員たちは全く知らなかったようだが、これらの攻撃を山中の敗残兵も気付いていて、軍機の動きに一喜一憂していた。彼らが友軍機と呼んだ日本機の飛来は、待ちに待った日本反撃ののろしに思えたのだ。

『沖縄・台湾・硫黄島方面　陸軍航空作戦』によると、12月も7日と25日にサイパン爆撃が試みられた。12月の日本機の攻撃は、ススペ収容所で孤児などの世話をしていた菅野静子が「12月も終わろうとする頃」の出来事として著書に書いている。

米軍の対空砲火の音が突然、収容所に響いたため、菅野が空を見上げると日本機が飛んでいる。小躍りした菅野は、周囲の人が「危ない」と止めるのも聞かず、わざわざ子どもたちを外に連れ出した。「あれが日本の飛行機よ」と空を指さし、教えたという。

この日の攻撃は「日本軍の襲来騒ぎ」程度だったようだが、話の続きがある。攻撃が途絶えた後しばらくしてから、軍病院近くの死体置き場に1人の日本兵の遺体が運ばれてきた。それに気付いた菅野ら収容所の日本人女性が集まり、米兵に頼んで顔を見させてもらった。女性たちは、命をかけサイパンに飛んできた兵士にお礼を言うつもりだったのだろう。「生きていたらどんなに素敵な青年だったでしょうね」という会話をしたことが書かれている。米兵はこの兵士は、米軍が殺したわけでなく、落下傘で地上に降り立つ直前、ピストルで自決したのだと説明したという。

菅野はその時、兵士が持っていた手帳も見せてもらった。「お母さん、サヨナラ。さらば日本」と書かれていたという。

日本の軍用機はその後も、1945年2月上旬まで上空に姿を見せることがあった。しかし、本格的攻撃には至らなかった。硫黄島が米軍に占領された同年3月以降は、サイパンに向かうこと自体が極めて困難になった。

日本軍によるマリアナ諸島の米軍基地攻撃は、終戦直前の1945年7月にも「剣号作戦」という計画が立てられた。しかし、日本側の発進基地が空襲被害を受けるなどして、結局実施されなかった。

サイパンの米軍基地攻撃作戦に絡み、もう一つあることに触れる。

サイパンと同じ北マリアナ諸島の一角をなすパガン島。本書の読者の中には、このパガン島に旧日本軍の戦闘機の残がいが放置されているのを知っている人がいると思う。インターネットの検索サイトに「パガン、零戦」などの言葉を英語、日本語で打ち込むと、朽ち果てた機体の画像、映像が出てくる。

現在、無人島状態のパガン島だが、北マリアナ諸島やグアムの生態系研究者などが訪れることがあるようだ。ユーチューブなどでさまざまな動画がネットに投稿される時代になった。地面に放置されている機体にカメラを向け、興味深げに手で触ったりしている人が写っているものがある。英国のある新聞も２０１６年に、現在の米軍の太平洋戦略を取材する一環で島を訪れ、機体を撮影している。

筆者はこうした映像を、零戦の開発メーカーである三菱重工グループの展示館「大江時計台航空史料室」（名古屋市港区）に持ち込んで担当者に見てもらい、零戦で間違いないか確認してもらった。丁寧な対応と以下の回答をいただいた。

「風防柵の形状、胴体部分の穴や搭乗用具収めなどから零式艦上戦闘機であると言えます。発動機排気管覆部分が欠落しているため、動画だけでは判断がむずかしいですが、排気口の形状からＡ６Ｍ５ではないかと推察できます」

Ａ６Ｍ５は零戦後期の量産機という。どうやら、零戦であることは間違いなさそうだ。これは筆者の見立てになるが、１９４４年11月27日の攻撃の際、島に着陸した2機のうちどちらかだろう。映像に出てくる零戦は朽ちてはいるものの、大破はしていない。ということは、サイパン突撃前に機体トラブルで不時着した方の機体ではないか。筆者はそう推測している。

沖縄・伊江島（筆者撮影）

そして、悲劇は沖縄へ向かった

沖縄県北部の本部半島から北西約9キロの東シナ海に浮かぶ伊江島。２０２３年6月、筆者は沖縄戦の激戦地の一つを訪れた。

「日本軍は多数の民間人を戦闘員として使っていた。中には乳飲み子を背負った婦人もいて、こういう人たちが斬り込み隊に加わり、自ら死ぬと知りながら米軍陣地に突撃した」

１９８０年に村が発行した村史の文章だ。軍民合わせ20万人を超える犠牲者が出た沖縄戦の中でも、伊江島は島が丸ごと戦場と化したことが知られる。戦闘は１９４５年４月16日から６日間続き、逃げ場のない状況の中、女性を含む多くの民間人が軍人と一緒に戦い、命を落とした。

１９４５年3月に始まった沖縄戦。第32軍（沖縄守備軍）の牛島満司令官、長勇参謀長が６月23

日の軍壊滅の際に自決し、米軍は7月2日に作戦終了を宣言した。その後も本島、本島以外の島々で局地的戦闘がおこなわれ、巻き込まれた民間人の犠牲が続いた。

沖縄戦とサイパン戦。どんな関係なのだろう。

「もう一つの沖縄戦」と呼ばれることもあるサイパン戦は、多くの沖縄戦の研究者やジャーナリストらがこれまでも類似点、関連を指摘してきた。サイパン戦を描くことに集中していた筆者も、取材の終盤を迎え、その関連が気になりだした。そして、訪ねたのが伊江島だった。沖縄の悲劇が凝縮されているという意味なのだろう。「沖縄戦の縮図」と呼ばれていることを知って、サイパンと比較対象によいと考えたのだ。

ただ、当たり前のことだが、沖縄戦は2、3か所を見ただけで語れるほど単純ではない。現地に着いてから自分の不勉強さを痛感した。予習をして向かったつもりだったが、知らないことだらけだった。沖縄から東京の自宅に戻り、あらためて沖縄戦に関するいくつかの本を購入。NHKがインターネットで公開している、戦争体験者のインタビュー『証言記録』などの動画も活用し、勉強し直した。そして、自分なりに比較を書き出し、関連を探った。

沖縄とサイパン。多くの共通点があることを確認できた。特に米軍側の視点で見ると、マリアナ諸島などで得た経験を、沖縄戦に生かしている。ただ、日本側の視点では、サイパンから沖縄へと戦場が移る過程で大きく変質したものがあることに気付いた。それは日本軍と民間人の関係だ。筆者の頭の中で、こんな文章が浮かんだ。

「日本軍はサイパンで民間人の戦闘利用を覚えた。そして、沖縄で大規模に実践した」

筆者がまとめたサイパン戦と沖縄戦の比較を、日米両軍と民間人に分けて紹介する。

まず、米軍。米軍は、チェスター・ニミッツ元帥をトップとする中部太平洋方面からの大部隊とダグラス・マッカーサー元帥が率いたフィリピン方面からの大部隊が、沖縄で合流する形になった。陸軍、海兵隊の計7師団を抱える太平洋戦線最大規模の作戦（戦闘兵力だけで約18万3000人、支援部隊を含めると約54万人）になった。

戦い方は基本的にそれまでの太平洋の戦いの延長上にあり、マリアナ諸島などで得た経験を生かしたと思う。太平洋の米軍の上陸作戦にはパターンがある。①空爆と同時に地上写真を多数撮影し、作戦地図をつくる。②艦砲射撃と空爆を徹底的におこない、事前につぶせるものは全てつぶす。③上陸地点は日本軍の飛行場に近い場所を選ぶ。④当日は見せかけの上陸艇を使って日本軍を揺さぶり、本物の部隊が逆サイドから一気に上陸する。

「十・十空襲」の名で知られる前年10月の大空襲。米軍はこの時、沖縄本島の詳細な写真撮影をおこなった。艦砲射撃は地形、海岸線の形まで変えた激しさが知られる。

4月1日の本島西海岸への上陸は、持久戦狙いの日本軍が全く攻撃を仕掛けず、戦いのない「無血上陸」になったことが、サイパンとは全く異なる。ただ米軍は、日本軍の姿がなくても、見せかけの上陸艇を動かす、いわば「フェイント」作戦をおこなっていた。上陸後はすぐに日本軍の飛行場（北飛行場、中飛行場）を確保した。

ちなみに筆者は、本島の前に上陸した慶良間諸島での米軍に、マリアナ諸島の経験を生かしたのではないかと感じた。米軍は慶良間諸島上陸の際、海岸線や近海の海の様子を詳しく調べ、日本軍が入り江に隠していた特攻艇が出る幕を与えなかった。日本軍はサイパンでも、複雑な海岸線の入り江に船を隠していた。もしかしたら米軍はサイパンの経験から、沖縄の日本軍が同様に船を隠していると予想したのではないだろうか。

上陸後は戦車を軸に、日本軍を完全排除しながら進むスタイルも、サイパンと沖縄で共通している。火炎放射器、ナパーム弾、黄リン弾。サイパンで使われた殺傷能力の高い残虐な武器、兵器は、沖縄でさらに多用された。

日本兵が潜む洞窟に換気口などから火力を流し込む、いわゆる「馬乗り攻撃」（米軍の呼び名は「火炎噴射と栓抜き」作戦）にも、筆者は米軍がマリアナ諸島でおこなったこととの関連を感じる。サイパン、テニアン両島で、日本兵が洞窟から出てこないことに苛立った米軍は、滑走路建設のために持ち込んだ重機を使い、洞窟を壊す荒業に出ていたからだ。

米軍は巨大戦力、火力を持ち、終始戦いを優位に進めながらも、山中では命をかえりみない日本兵の攻撃に苦しめられた。それも共通している。

米軍が大きな犠牲を出した戦場の一つは、現在の那覇市の商業地区「おもろまち」とその周辺だ。日本軍は52高地、米軍は「シュガーローフ」と呼んだ。首里の司令部を守るため、日本軍は丘陵の地形を利用し、米軍側からは見えない反対側斜面に地下壕を張り巡らしていた。巧みに身を潜めながら、近距離から迫撃砲を放つ攻撃が米軍を苦しめ、多くの死傷者を出させた。

日本軍はどうか。大本営、現地の軍司令部、前線の兵士それぞれ共通項がある。まず大本営。米軍の動きを全く読めていない。サイパン戦で日本軍は米軍がすぐには来ないだろうと予想していたことを書いた。中国での経験が豊かだった陸軍第14師団をパラオに派遣し、比較的年齢の高い、召集したばかりの第43師団で臨んだことも説明した。

沖縄戦も大本営の判断ミスで、師団数を減らしている。

大本営は米軍の台湾上陸の可能性を考え、沖縄に来た陸軍第9、第24、第62の三師団のうち、第9師団を台湾に回した。その穴埋めに第84師団の派遣を内示したが、それも取りやめた。そのため第24（通称・山部隊）と第62（通称・石部隊）の二師団だけになった。陸軍はこれに第32軍司令部の直轄部隊と独立混成旅団を加え、臨むことになった。

作戦の立案担当だった32軍・高級参謀の八原博通が戦後書いた『沖縄決戦』を読むと、そもそも大本営や第32軍司令部が、米軍の動きを把握していたのかどうか疑わしい。日本に向かう米軍にニミッツ、マッカーサー両元帥率いる、二つの大きな塊があることは、大本営も認識していたというが、八原の本を読む限り、米軍の動きを的確に理解していたとは思えない。

戦いの本筋ではないかもしれないが、司令部に関しては、米軍側とあまりに異なるという意味で紹介したいことがある。前線の部隊が兵員、武器不足、砲弾不足に苦しんでいるというのに、司令部には「酒」「宴席」のエピソードが絶えないのだ。それは、日本がサイパンの時以上に劣勢に追い込まれている沖縄で顕著だ。

「副官、新聞記者、さては多くの女性まで身辺を取り巻き、はなばなしいことである」「天の岩戸戦闘司令所」の標札が掲げられた首里城地下の司令部。八原高級参謀は「沖縄決戦」の中で、司令部で宴席が催されたこと、多くの女性がいたことを書いている。看板を掲げた長参謀長は、型破りな武勇伝がある一方、酒と女性遊びのエピソードが尽きない人物として知られる。新聞社「沖縄タイムス社」が戦いの惨劇を後世に残すため出版した『鉄の暴風』（1950年）にも、首里城が激しく被弾する中、壕内に「朝鮮人の若い女の群れ」がいたと記されている。

サイパンの司令部の場合、女性たちがいたという記述を筆者は見ていない。ただ、こちらも多くの「酒」はあった。サイパンの幹部将校が、米軍に追い詰められ、夜のタポチョ山を細々と移動したことを書いた。道が整備されていない山中の徒歩の移動は、日本酒の一升瓶を運ぶのですら楽ではなかったはずだが、なぜか酒だけは切らさなかった。

サイパンや沖縄を指揮した米軍にも、現代であればアルコール依存症と診断されるような、酒を手放さない幹部将校がいたという。ただ、司令部に多くの女性がいたり、戦闘が迫っている時期に指揮官が派手に飲んで騒いだりすることがあったのだろうか。

沖縄戦に関する米兵の証言を集めた『沖縄戦　米兵は何を見たか』（1996年、吉田健正）という本がある。沖縄戦に関し、多くの米兵の証言を集めた力作だ。この本の著者もこの点に関心を抱き、ニミッツや沖縄戦を指揮した陸軍バックナー中将（沖縄で戦死）らについて、女性遊びのエピソードがないか調べたようだ。そして、「いろいろな記録を調べても、上級将校らが戦地で女性を連れ歩いた形跡はまったくない。米軍は沖縄に女性看護婦を配置していたが、醜聞めいた話はなかった」と記している。

ちなみに、酒との比較で適しているかどうか分からないが、米軍が戦場に持ち込んだ飲み物は「コカ・コーラ」だった。太平洋戦線に限らず、コーラと第二次世界大戦の結びつきは深いようだ。インターネットでの検索では、サイパンにつくられたコカ・コーラ工場の前に集まる米兵らの写真を見ることができる。

日本軍の前線の兵士たちはどうだったか。

まず強調したいのは、沖縄であれ、サイパンであれ、前線兵士が見た光景、彼らから出た言葉は、司令部の幹部将校たちと全く異なるということだ。繰り返すが全く異なる。彼らが見た戦場の光景は武器、弾薬、食糧、何から何までない状況だ。そして、米軍が放つ嵐のような砲弾と狂暴な武器に向き合った地獄の苦しみだった。戦友が毎日死に、絶望しかないような中、任務を遂行しようとする兵士の姿だった。

サイパン、沖縄の前線兵士が手にした武器は概ね同じだ。手榴弾、三八式歩兵銃、竹やり。「アンパン」と呼ばれた九三式地雷。壕を掘るためのスコップやつるはしを持っていたことも一緒だ。

「大けがを負い、治療できる見込みのない兵士を戦場に置き去りにしたことを忘れられない」

「仲間の兵士の傷口に大量のウジが群がり、その不気味な光景に衝撃を受けた」

戦場の地獄を語る言葉に沖縄とサイパンの大きな違いはない。民間人も含め自決に青酸カリがよく使われたことも一緒だ。

沖縄戦では米軍の陣地に体当たりする「斬り込み」という言葉がよく登場する。サイパンの山中でよく出てきた言葉「肉弾戦」と、基本的には同じ戦い方と思われる。手榴弾や爆薬を抱え、米軍の戦車、陣地に体当たりする。米軍陣地に向かうのは大抵夜間だ。ただ、沖縄でもサイパンでも照明弾やライトで周囲を明るくされ、思うようにいかなかった。武器、砲弾の不足を補うため、身を隠せる壕を巧みに利用しながら、効率的に相手に打撃を加えようとしたことも似ている。「いくら戦場とは言え、それをしてはいけないでしょう」と、筆者が独り言を言ってしまった作戦もサイパン、沖縄双方でおこなわれたとみられる。「卑怯、卑劣だった」の項で書いた、民間人をおとりにした作戦だ。

洞窟から上半身裸の女性を外に出し、油断した米兵を背後から撃つ。米軍の位置を確認するため、子どもたちを走らせる。そんな米兵が卑劣と感じた作戦が、サイパンで戦った元米兵の証言に出てくることを書いた。

『沖縄戦　米兵は何を見たか』にも似た話が出てくる。ある時、外で本を読んでいる少女がいた。米兵が少女に近づいたところ、別の兵士が岩陰で銃を構えている男を見つけ、射殺した。米兵をおびき寄せるため、少女は外で本を読むよう指示されていたということらしい。

実は筆者は沖縄戦を調べるまで、おとり作戦が実在したことに確信を持てないでいた。しかし、NHKがインターネットで公開しているアーカイブス『証言記録』の中で、沖縄にいた日本軍・

歩兵第32連隊のある元兵士が、民間人を洞窟の入り口に置く作戦があったことを明かしていた。本当にあったのだ。驚いた。元兵士は北海道出身で1922年生まれという。インタビューは2008年ということなので、20代前半で体験した沖縄戦を、80代半ばで語ったことになる。

元兵士が語ったのは組織的戦闘が終わった後の出来事だった。島民がいると米兵が撃ってこないという理由から、洞窟の前に民間人を「置いた」と話した。「結局、盾にしたというんですか。我々も島民を利用していたわけさ」と言葉少なに語った。見るからに常識人で、温厚な感じの方だった。民間人に申し訳ないことをしたという気持ちを、筆者は表情から感じた。

劣勢に立たされた兵士が、「スパイがいる」という言葉を発したのも同じだ。サイパンの日本兵の中には、例えば近くに砲弾が落ちたというだけで、米軍と通じた人間が周りにいると考える兵士がいた。証拠があるかどうかなど関係ない。日本兵は単に、苛立ちを立場の弱い人にぶつけていたのだろう。ただ、戦場で日本軍からスパイ疑惑を向けられることは「死」を意味した。サイパンでは主にチャモロ人、朝鮮人、外国出身の宣教師らに矛先が向いた。沖縄では軍に常に協力し、犠牲を払っていた地元住民に向けられた。そして虐殺も起きた。

サイパン、沖縄で前線兵から嫌疑をかけられた住民に、本当に諜報活動をおこなっていた人などいたのだろうか。「スパイ」「非国民」。両戦場の民間人を襲ったおぞましい話には、二つの言葉がよく出てくる。

民間人はどうか。軍と民間人の関係はどうだったろう。

およそ県民4人に1人が死亡した沖縄戦。サイパンも非常に大ざっぱになるが、民間人の約2・5人に1人が死亡したとみられる。沖縄もサイパンも、とてつもなく大きな民間人の犠牲を出した。どちらの戦場でも、民間人が信頼していた日本兵が、戦いの最中に恐ろしい存在に変貌した。多くの民間人は日本軍を恐れるようになった。そして、軍人と民間人が混在した場所では、軍人の言動に絡む民間人の集団自決など悲劇が起きた。

一方、軍と民間人の関係は大きく変化した。この項の中で最も強調したい点だ。サイパンから沖縄に戦場が移る中で、軍の民間人に対する対応は大きく変質したと筆者は感じる。

沖縄戦で10代の若者が戦場に動員されたことはよく知られる。男子は少年兵として戦闘に参加したほか、物資輸送や陣地構築、道路補修などを担った。女子は看護活動に従事した。

沖縄県子ども生活福祉部（2024年度の組織再編前の名称）のサイトに掲載されている「沖縄戦に動員された21校の学徒隊」は、地図と表を使って学徒兵の内容を分かりやすく説明している。

「戦前、沖縄には21の中等学校がありました。沖縄戦では、これらのすべての男女中等学校の生徒たちが戦場に動員されました。女子学徒は15歳から19歳で、主に看護活動にあたりました。男子学徒は14歳から19歳で、上級生が『鉄血勤皇隊』に、下級生が『通信隊』に編成されました。（中略）沖縄戦により、学業半ばで多くの学徒が短い生涯を散らしました」

この表は非常によくまとめられていて、有名な「ひめゆり学徒隊」以外にも、いくつもの学徒隊が同じ悲劇に見舞われたことが分かる。首里高等女学校の「瑞泉学徒隊」も動員数の半数以上が戦死。沖縄師範学校男子部の「師範鉄血勤皇隊」も動員生徒386人に対し、226人の戦死者が出た。

この表以外でも、少年兵によるゲリラ部隊「護郷隊」が編成されたことが知られている。軍民一体の激しい戦闘のあった伊江島の場合、15歳から19歳の男子は義勇隊、17歳から25歳の独身女子は救護班に入った。

一方、次の文章を読んでほしい。

舞台は1944年6月のサイパン戦。米軍上陸後の山中で、従軍看護婦を志願した女性が、日本軍の軍人と交わしたやり取りだ。女性は本書の中で何回も紹介している当時18歳の菅野静子で、彼女の著書『サイパン島の最期』に記されている。

「『お願いします。なんでもしますから、ここで働かせてください』

『でもねえ…。ここは軍隊なんだ。ずいぶん辛いこともあるし、全員死を覚悟せねばならぬことだってあるんだよ』

『知っています。私は女ですけど、敵と戦う覚悟も充分できています』

隊長は私の顔をもう一度ジーっと見ていたが、黙って去って行った。

やがて看護兵が私を迎えに来た。私が隊長の前に立つと、隊長はもう一度私の顔をしげしげ見てから、少しきつい顔になって言った。

『あんたは今から陸軍野戦病院の特志看護婦だよ』

傍らの若い将校がそこにあった鉄かぶとを取って私の頭にかぶせてくれた」

そう、サイパンでは10代の女性を戦場に連れていくことを、日本軍は想定していなかったのだ。本書ではサイパン高等女学校の生徒の話もいくつか紹介しているが、彼女らも軍に付き添っていない。家族と一緒に山中を逃げている。

10代の男子はどうか。サイパンでも一定年齢以上の人は軍属として部隊に組み込まれた。サイパン実業学校の生徒の中には、自発的に軍人に協力する人たちがいた。だが、彼らも学校単位の部隊を編成したわけではない。

サイパンから沖縄へと戦場が移動する過程で、日本軍と民間人の関係は明らかに大きく変化した。筆者の頭に浮かんだ言葉をもう一度書きたい。

「日本軍はサイパンで民間人の戦闘利用を覚えた。そして、沖縄で大規模に実践した」

『ＬＩＦＥ』１９４４年11月６日号

「米軍が上陸したサイパンの西海岸で、水浴びをする日本人たち。水平線には米軍艦船と貨物船」

「子どもたちはキャンプで初等教育を受け、日々を過ごしている。子どもの多くは数週間の洞窟

JAPANESE WOMEN BATHE THEIR CHILDREN IN THE SEA ON SAIPAN'S WESTERN SHORE, WHERE U. S. TROOPS LANDED IN JUNE. ON THE HORIZON IS A FLEET OF U. S. CARGO SHIPS

JAPANESE CIVILIANS ON SAIPAN

LIFE ON THE ISLAND TODAY SHOWS THAT AMERICANS CAN'T KEEP FROM HELPING PEOPLE IN TROUBLE

The Americans who landed on Saipan last June discovered that Japanese civilians had the same maniacal willingness to destroy themselves as Japanese soldiers. The implications of this ugly fact were alarming. If all the Japanese wanted to die instead of surrendering, the war in the Pacific would be the bloodiest in history. On Formosa, which could possibly be a next step of the U. S. Pacific offensive, there are 5,000,000 civilians. In the main islands of Japan there are 70,000,000.

What has happened on Saipan since June is much less foreboding. After the first shock of fear, largely due to efficient Japanese propaganda about American brutality, Saipan's civilians found that they would much rather live than die. At first they came slowly from the caves in Saipan's green hills. When they saw that no one was mistreated they came faster. Soon civilians who had given up were going back to the hills to cajole friends and relatives into doing the same. Today there are more than 18,000 civilians in Camp Susupe, Saipan's internment center.

The people who live in Camp Susupe (13,000 are Japanese, 1,500 are Koreans and the rest Caroline Kanakas and native Chamorros) have neither luxury nor much comfort. Saipan is still a place of hardships since the main stream of supplies in the Pacific goes to support the war beyond Saipan. The Americans on the island are still eating B and C rations. Camp Susupe has been built of materials salvaged from villages ruined in Saipan's month of battle. Its people have been dressed in any clothes available, including Japanese uniforms. Even when shortages like these are over, Saipan's people will have a hard time making a living. The sugar plantations and refineries which employed most of them were almost completely destroyed in the fighting.

Under the circumstances the Americans have been generous with Saipan's civilians. They have given the Japanese whatever supplies there are and have paid them to work. American doctors help Japanese doctors take care of people who are sick from weeks in the caves. In return the civilians manage Camp Susupe pretty much by themselves and provide a good part of their own food by fishing and farming.

WIRE, MORE WARNING THAN BARRIER, GIRDS THE CAMP

「サイパンの日本人収容所」の特集記事
（米誌『ライフ』１９４４年11月６日号）

生活で衰弱し、栄養失調に陥っている」

「サツマイモ畑で作業する女性たち。収容所の食糧の一部は住民の労働で賄われている」

「診療所では米国人医師が病気の日本人女性に酸素テントをかぶせている」

　米雑誌『ライフ』１９４４年11月６日号に掲載されたサイパン・ススペ収容所の特集記事の写真説明だ。サイパンで起きた80年前の出来事を追ってきた本書だが、本文最終項でこの『ライフ』の記事を紹介したい。

　この取材を始めた時から、筆者にはある疑問があった。

兵士が全員戦死し、民間人も軍と運命を共にしたとされたサイパン戦だが、生きている人たちがいるという情報が日本に伝わらなかったのだろうか。

本書は新聞がストックホルム発の特派員電として、サイパンで起きた集団自決を伝えたことを紹介した。それは米国人記者が雑誌『タイム』に書いた記事を訳したものだった。集団自決を伝えたのだから、この『ライフ』の収容所の記事を伝えることも、あり得たのではないか。『ライフ』の記事を見た日本の新聞記者、メディア関係者がいたという情報を筆者は持っていないので、あくまで仮定の話だが、そう思ってしまう。

『ライフ』の特集記事が出た1944年11月と言えば、沖縄戦が始まる4か月前。もし、沖縄戦までの間に特集記事の内容が詳しく日本に伝わり、沖縄の人の目に触れていたらどうなっただろう。

マリアナ諸島にも多くの移民を送り出していた沖縄。まず、自分の家族、親戚が無事かもしれないと、希望を抱いた人たちが現れたことだろう。そして、軍人が民間人に説いた「米軍に捕まったら残忍な方法で殺される」という話について、疑問を持ち始めた人たちが現れたかもしれない。沖縄戦でも起きた、捕虜になることを拒否した人たち、恐れた人たちの自決を、ある程度防ぐことができたかもしれない。

ただ、現実にはそうならなかった。ここで筆者の頭にはメディアの問題が浮かんだ。本書では、サイパン陥落後の帝国議会で、衆議院議員・中島弥団次が「不幸にして戦い得ずして敵に収容されている人もありませう」と述べ、生存者がいる可能性を示唆したことを書いた。新聞が翌日の紙面に、中島議員が質問に立ったこと自体は載せたが、「収容された人」に関する質問内容は、記事に盛り込まなかったことも説明した。報道内容に「忖度」があった可能性にも触れた。

あくまで筆者の想像、仮定の話だということを強調するが、この『ライフ』記事を巡っても、記事を読んだメディア関係者がいたとすれば、忖度があった可能性があるのではないか。そう思ってしまった。

国のため命を捧げることが何より称賛された時代。「黒髪を梳き自決する女性」の記事は当時の政府、大本営にとって都合のよい話だったろう。だからこそ情報源が米国人記者であっても、新聞は一面に大きく載せたのだ。

これに対し、戦いが終わったサイパンの海岸で水浴をする人たちはどうだろう。国のために自決することを称賛する人からすると、米軍下で水浴をする人たちは「けしからん奴ら」「非国民」ということになっただろう。当時の政府、軍は「住民が助かって良かった」「子どもたちが元気そうで良かった」とは決して考えないのだ。

くどいが、記事を見た日本人記者が「もしもいたら」という仮定の話だ。ただ、この仮定話に登場する記者はこう考えるだろう。

「サイパンの収容所の記事の内容を日本の新聞に掲載することは、政府、大本営が認めないだろう」「出稿の相談をしただけで、会社が処分を受けるかもしれない」

そして、新聞への掲載、国民に伝える努力を放棄しただろう。記事を読まなかったこと、見なかったことにしたかもしれない。

戦争という特殊な状況下だったかもしれないが、やはり、事実は事実として伝えなければいけない。人の命に関することは特にそうだ。サイパンで、米軍保護下の生活をしている人たちがいることを知れば、失われずに済んだ命があったかもしれないのだから。

筆者は昨年、通信社勤務の定年を迎えた人間だが、大学卒業後、地方支局や中央官庁取材をしてきた。だから、今書いている言葉は自分自身への自戒、反省でもある。1944年11月6日号の米雑誌『ライフ』。目の前に置いた雑誌を見ながら、サイパンから沖縄へと繰り返された民間人自決のことを考えた時、事実をありのまま伝える重要さ、メディアの責任の重さをあらためて感じた。


話は突然変わるが、本書を書き上げる直前、千葉県香取市の市役所を訪れた。サイパンと香取市が2021年に姉妹都市提携を結んだことを知り、その話を伺いに行ったのだ。本書の最初の章「懐かしき島」で、日本統治下のサイパンで「彩帆神社（サイパン神社）」が香取神宮（千葉県香取市）の縁で建てられたことを紹介した。1914年にサイパンを占領した戦艦が、艦内に香取神宮の分霊を祀っていた戦艦「香取」だったのだ。戦争で社殿が焼失したが、市によると、戦後の1985年に「彩帆香取神社」として再建され、今も祭事を続けているという。神社を縁にした姉妹都市提携は、サイパン側から持ち掛けられたという。

筆者はサイパンを何回も訪れているので分かるのだが、サイパンの人たちは日本や日本人を大切な友好国、友人と考えてくれている。

日本と米国の戦争にチャモロ人、カロリン人が巻き込まれ、多くの犠牲者が出たこと。軍人から事実無根のスパイ疑惑を向けられ、命を奪われた住民がいたこと。元々チャモロ人、カロリン人たちの土地だった島が、戦争でズタズタにされたこと。サイパンの人たちは今もそれを忘れてはいない。

だが彼らは、戦争が始まる前の時代、製糖業を中心に島の経済が発展した時代があったことも知っている。学校で勉強したり、祖父母や両親から聞いたりすることがあるのだろう。優しい日本人がいたという話を聞くこともあるようだ。だからこそ、太平洋戦争で大きな迷惑をかけた国でありながら、日本や日本人に決して悪意を持っているわけではないのだ。

さらに、ある程度の年齢以上の住民には、今から30年以上前、日本がバブル経済と言われた時代に、多くの日本人観光客が来島した記憶が残っている。

現在の観光旅行は、国内外を問わず、個人の趣向に沿って目的地も内容も多岐にわたっているが、当時は今より行き先が限られていたのかもしれない。サイパンは、グアムなどと並んで、手軽に常夏の楽園を楽しめる、人気海外旅行先の一つだった。

観光ツアーで島を訪れた人たちは、飛行場に降りると、まず北端の海岸、崖に向かい、戦没者に手を合わせた。そして、美しいサンゴ礁の海や緑の山を思う存分楽しみ、笑顔で帰っていった。サイパンの人たちも日本人が来ることを喜び、一緒に楽しんだという。だからだろう。筆者が現地で接した多くの人たちは「多くの日本人に、またサイパンに来てほしい」と話しかけてくる。

海は本当にきれいだ。特に、タポチョ山から見る、エメラルドグリーンに輝く海は素晴らしい。そして、人々は南国の人らしく、とても明るく、観光客にも人懐っこい笑顔を見せてくれる。サイパン戦を追った本書。日本人が決して忘れてはならない80年前の出来事を後世に残すのに、ある程度役立てたのかなと感じている。

太平洋戦争、サイパン戦は日本が大いに反省しなくてはならない戦争だった。ただ、日本とサイパンが戦後、友好関係を築いてきたのもまた事実だ。戦後60年を迎えた2005（平成17）年6月には、当時の天皇、皇后両陛下、現在の上皇ご夫妻が犠牲者慰霊のため、サイパン島を訪問した。激戦地であるとともに多くの民間人が犠牲になったことも、海外慰霊が実現した大きな理由だったろう。この両陛下の訪問は日本、サイパンの友好関係を示す旅にもなった。

スペイン統治以降、マリアナ諸島は常に大国の利権、争いに振り回されてきた。今も形こそ違うが、それは変わらないのかもしれない。加えて国際情勢も複雑さを増している。だが、そんななかでも、その土地に住む人々同士が互いにリスペクトし、笑顔で交流する関係が日本とサイパン、北マリアナ諸島の間で続いてほしい。発展してほしいと思っている。本書にその願いを込めたい。

おわりに

『忘れえぬサイパン　１９４４』と題した本書。「はじめに」で書いたとおり、本書はサイパン戦を体験した日米両軍の将兵、日本の民間人、そしてチャモロ人らが残した本、記録を筆者が整理し、組み立て直したものだ。

「この美しい島で、地獄の地上戦があったことを未来に伝えたい」

「二度とあの悲劇が起きてほしくない」

本を書いた人、記録を残した人の多くが、そういう思いでペンを手にしたのだと思う。書名などは巻末の「主な参考文献・論文・写真データ」に掲載したが、まずその方々に感謝の気持ちを伝えたい。また、今回引用の形を取っていないが、戦前の製糖会社「南洋興発」の関係者で交流を続けている親睦会「南興会」の方々や、南洋、移民、戦争などをテーマに多くの情報、知見を発信されている研究者の方々にも敬意を表したい。この本は歴史を残そうとする全ての人の気持ちのうえに成り立っていると感じている。

そんな思いで書き終えた本書だが、実は特に名前を挙げて紹介したい人がいる。1992年生まれ。イリノイ州在住の米国人で、学校の教師をしているアレクサンダー・アストロースさんだ。彼は本書で何回も紹介している『サイパンとテニアンの集団自決、1944年』の著者だ。

太平洋戦争の戦場の記録は、日本軍、日本人の話であっても、米軍、米兵が残した英語の資料に多くの情報が詰まっている。筆者はそのことを2019年に出版した『テニアン　太平洋から日本を見つめ続ける島』の取材で気付いていた。しかし、やはり筆者が日本にいることと、英語力の問題で、「米国発」の情報にアクセスすることは簡単ではなかった。それが、2020年のある日、前年にサイパンの集団自決をテーマにした英語の本が出たことを知り、オンラインストア「アマゾン」で取り寄せた。びっくりした。サイパンの集団自決を目撃した米軍の記録、証言、引用した文献名がびっしりと詰まっていた。

筆者は著者のアストロースさんが引用した本を可能な限り米国から取り寄せ、一冊一冊読み始めた。本には、太平洋戦争国立博物館やニューヨーク州軍事博物館が過去におこなった、元海兵隊員や陸軍兵のインタビュー情報も書かれていた。筆者はこれもインターネットでアクセスし、「悪戦苦闘しながら」聞き始めた。証言者の大半はインタビュー時、80代だった。お年寄りの早口英語は筆者には本当に辛かったが、時間をかけ、何とか日本語に訳すことができた。

本文でも書いたが、戦場の最前線に立っていた彼らは、自分自身も一つの油断で命を落とす危険がある中、神経を最大限に集中し、日本兵、日本人の様子を見ていた。彼らが残した本、記録、インタビュー音声の多くは、日本人の具体的動きや表情が分かるものだった。

２０２３年、本書の取材の最終段階近くになり、筆者は思い切ってアストロースさんを訪ねた。偶然なのだが、一度足を運びたいと考えていたフォート・マッコイ（旧キャンプ・マッコイ）と同じシカゴの空港が最寄り空港だと分かったため、マッコイ取材を兼ね、面会を申し出たのだ。

「あなたほどサイパンの日本人に起きた悲劇を詳しく分析した人はいない」

「あなたの本を読まなければ、私は本を書くことができなかった」

筆者は知っている英語のお礼の言葉を片っ端から並べ、伝えた。初対面の日本人があまりに丁寧にお礼を言ってくるので、おかしかったかもしれない。ただ、いくらお礼を言っても言いきれないというのが、筆者の正直な気持ちだった。

シカゴ近郊のカフェで、彼の妻も含め、３時間ほどの楽しい時を過ごさせていただいた。彼が高校時代、自宅近くの図書館で偶然広島の原爆被害に関する本を読み、以来、「太平洋戦争と日本人」につい

アレクサンダー・アストロースさん（右）と筆者
（2023年11月、米イリノイ州）

て関心を抱き続けていること、今後もサイパン以外の地域で起きた日本の民間人の戦争被害について調べたいと考えていることを知った。

「なぜ当時、敵国だった米国人が日本の民間人の犠牲、集団自決にそこまで関心を持ったのか」筆者の疑問は、3時間の面会では正直納得というところまでは解けなかった。だが、戦争の犠牲になった弱い立場の人たちを思う優しさと平和を求める思いは強く伝わってきた。

1963年生まれの筆者に対し、アストロースさんは1992年生まれ。親子ほどの年齢差があるが、かけがえのない友人を得た気持ちになったシカゴの旅だった。

もう一つ。本文の執筆中から、「おわりに」で触れたいと考えていたことがあった。繰り返しになるが、本書はサイパン戦を体験した民間人が書いたものを大いに参考にしている。それらの著者には戦争で肉親を亡くすなど、本当に辛い体験をした人たちが多かった。彼らの多くは戦後必死に働き、ある程度生活にゆとりが生まれた時になって、自分の体験を後世に伝えたいとペンを執った。

大手出版社から出版されたものもあれば、自費出版で出したものもある。本の体裁は異なるが、貴重な証言が詰まった文章という点では全く同じだ。そのうち特に自費出版本、あるいは出版社が既に廃業しているような本は、図書館の人目のつかないところで、ひっそり眠っているようなものがある。大手出版社が出したものは将来も本として残るだろうし、電子書籍化という時代の流れにも乗るだろう。だが、その流れに乗り切れない本は、存亡の危機にあると言ってもよいのではないか。

図書館行政への筆者の希望なのだが、こうした本も大切にして、未来に残してほしい。あまり人が借りに来ないかもしれない。読まれた形跡が最近ないかもしれない。ただ、その情報は一度なくしたら、二度と取り戻せない。

例えば、筆者が基礎資料として読んだ本に旧防衛庁戦史室が出した『中部太平洋陸軍作戦』という本がある。ボリュームのある立派な本だ。その隣に、戦後普通の主婦として生きた人が出した自費出版の本があるとする。多くの人が戦史室の本により多くの情報が入っていると思うだろう。筆者もそうだった。だが、その見方が正しくないことを、今回の取材と執筆を通じ何回も経験した。情報の種類が違うだけで、極めて貴重な情報であることは同じだ。

『中部太平洋陸軍作戦』には日本軍の部隊名や将校名、作戦の名称などが詳しく書いてある。元住民が書いた本には、その情報はない。書かれていても、間違っているかもしれない。ただ、元住民は目の前で起きた出来事を、見たまま、ありのまま書いている。ある女性は岩陰から、日本軍の砲弾が当たり、リーフの上で悪戦苦闘する米軍の上陸艇の様子を見ていた。今もサイパンの住民は視力の良い人が多いという。戦前の日本人も、目の悪い筆者とは比較にならないくらい、遠くがはっきり見えていたのかもしれない。実に具体的に様子を描いている。

専門的な情報がびっしり入った分厚い本と、目の前の光景、見た様子を平易な言葉で伝えている自費出版本。どちらもなければ本書は完成しなかった。それぞれが過去と未来をつなぐ、日本の貴重な財産だ。

『テニアン　太平洋から日本を見つめ続ける島』を出版した２０１９年から取材を始めた本書。原稿を仕上げるにあたり、２０２３年に2回の海外取材をおこなった。7月に訪ねたサイパンでは、日本人向けの旅行会社「ＰＡＣＩＦＩＣ　ＤＥＶＥＬＯＰＭＥＮＴ　ＩＮＣ．（ＰＤＩ）」や、北マリアナ諸島歴史文化博物館、サイパンの教育行政に携わる方々にお世話になった。

同年11月の米国取材では、今述べたアストロースさん夫妻に会ったほか、マッコイ収容所取材で訪れたウィスコンシン大学オークレア校のセリカ・ダックスワースロートン教授の話も伺った。州内の移動は親日家の知人、リッチ・ベーリーさんに車の運転をお願いした。広大な米国、しかも森林が広がる地域なので、目的地に自力でたどり着ける自信はなかった。勤務先に休暇を申請し進めている取材なので、日程的な余裕もない。ベーリーさんがいなければ正直取材は厳しかった。妻のジョアンさんにも深くお礼申し上げたい。

出版していただいた同時代社の川上隆代表、久保企画編集室の久保則之代表、清水まゆみさんにも感謝申し上げたい。久保さんは『テニアン』以来、筆者の取材テーマをよく理解し、編集を引き受けてくださっている方で、今回も的確なアドバイスをいただいた。

そしてもちろん家族にも。筆者の個人的な好奇心から始まった取材にいつも理解を示し、協力してくれた。家族一緒に過ごせるはずの多くの休日を取材に充ててきた。それを暖かく見守ってくれた妻と娘には感謝しかない。ありがとう、と改めて伝えたい。

繰り返しにもなるが、サイパン陥落から80年のタイミングで本書を出版できたことは、本当にありがたいことだった。サイパン陥落後の日本は、本土空襲、沖縄戦、広島・長崎への原爆投下などを経て、1945年8月の終戦に至る。当たり前だが、2024年から2025年にかけ、そのどれもが80年の節目を迎える。

そして、大変残念なことなのだが、その後は、当時の出来事を自分の体験として語れる人たちの極めて少ない時代に入る。ただ、サイパンを含め太平洋戦争の史実は、そのどれもが日本、日本人が決して忘れてはいけないことのはずだ。本書の執筆を終え、そのことをあらためて強く感じた。その気持ちを読者の方々と共有できれば、これほどうれしいことはない。

2024年4月

吉永　直登

主な参考文献・論文・写真データ

南洋庁内務部企画課編『第九回　南洋庁統計年鑑』（１９４１年）
防衛庁防衛研修所戦史室著『中部太平洋　陸軍作戦』（朝雲新聞社、１９６７年）
陸上自衛隊幹部学校修親会編『サイパン島作戦』（１９７８年）
防衛庁防衛研修所戦史室著『沖縄方面陸軍作戦』（朝雲新聞社、１９６８年）
防衛庁防衛研修所戦史室著『沖縄・台湾・硫黄島方面　陸軍航空作戦』（朝雲新聞社、１９７０年）
『サイパンの戦い　太平洋戦争写真史』（月刊沖縄社、１９８０年）
近現代史編纂会編『サイパンの戦い「大場栄大尉」を読み解く』（山川出版社、２０１１年）
サイパン会誌編集委員会編『サイパン会誌』（サイパン会、１９８６年）
財団法人沖縄県文化振興会編『沖縄県史　資料編18　キャンプススッペ』（沖縄県教育委員会、２００４年）
具志川市史編さん委員会編『具志川市史』（具志川市教育委員会、２００２年）
座間味村史編集委員会編『座間味村史』（座間味村役場、１９８９年）
伊江村史編集委員会編『伊江村史』（伊江村役場、１９８０年）
伊藤禎著『大東亜戦争　戦没将官列伝』（文芸社、２００９年）
高橋文雄著『日本陸軍の精鋭　第14師団史』（下野新聞社、１９９０年）
原康秀著『松本陸軍歩兵第五十連隊史』（好学社、１９８０年）
山内武夫著『怯兵記』（大月書店、１９８４年）
平櫛孝著『サイパン肉弾戦』（光人社、２００６年）

田中徳祐著『我ら降伏せず』（復刊ドットコム、２０１２年）
篠塚吉太郎著『サイパン最後の記録』（東和社、１９５１年）
菅野静子著『サイパン島の最期』（国書刊行会、１９８２年）
奥山良子著『玉砕の島に生き残って』（原書房、１９６７年）
佐藤多津著『サイパンの戦火に生きて』（自費出版図書館、１９９６年）
浜口貞江著『彩帆島』（朝日カルチャーセンター、１９８３年）
栗原茂夫著『ドキュメント　少年の戦争体験』（「とうよこ沿線」編集室、２０１２年）
下田四郎著『慟哭のキャタピラ』（翔雲社、１９９９年）
臼井文吾編『烈日サイパン島』（東京新聞出版局、１９７９年）
宮城信昇著『サイパンの戦いと少年』（新報出版、２００２年）
堀江芳孝著『悲劇のサイパン島』（原書房、１９６７年）
松島慶三著『悲劇の南雲中将』（徳間書店、１９６７年）
高橋義樹著『サイパン特派員の見た玉砕の島』（光人社、２００８年）
金谷安夫著、発行『戦塵の日々』（１９９６年）
額田坦、上法快男編『世紀の自決』（芙蓉書房出版、１９６８年）
青木弘亘・イシダ測機プリント事業部編『酒巻和男の手記』（２０２０年）
佐賀廉太郎著『アッツ虜囚記』（講談社、１９７８年）
長久保片雲編著『サイパンの青い空』（PoemiX、２００９年）
大日向葵著、よしだきょう編『マッコイ病院』（彩流社、２０１７年）
西村友雄編『第一御楯特別攻撃隊の全記録』（１９９６年）

後藤基治『捕虜になった「連合艦隊司令長官」』（毎日ワンズ、２０１０年）
「死刑囚から牧師へ」出版委員会編著『死刑囚から牧師へ』（広島三育学院、１９８３年）
『日本全国Ｂ29慰霊碑物語』（中央評論・第２９９号、２０１７年）
『続・日本全国Ｂ29慰霊碑物語』（中央評論・第３０５号、２０１８年）
冨永謙吾著『大本営発表の真相史』（中央公論新社、２０１７年）
清水隆雄著『アメリカン・ソルジャー』（志學社、２０１２年）
上杉忍著『アメリカ黒人の歴史』（中央公論新社、２０１３年）
大田昌秀編著『写真記録「これが沖縄戦だ」』（那覇出版社、１９７７年）
『沖縄戦新聞』（琉球新報社、２００４年～２００５年）
吉田健正著『沖縄戦　米兵は何を見たか』（彩流社、１９９６年）
Alexander Astroth『Mass Suicides on Saipan and Tinian, 1944』（McFarland and Company、２０１９年。
本書では『サイパンとテニアンの集団自決、１９４４年』としている）
Don A. Farrell『Saipan A Brief History』（Micronesian Productions、２０１６年）
ロバート・シャーロッド著、中野五郎訳『サイパン』（光文社、１９５１年）
ロバート・シャーロッド著、中野五郎訳『死闘サイパン』（日本リーダーズダイジェスト社、１９７１年）
Pacific STAR Center for Young Writers『We Drank Our Tears』（２００４年）
Gordon L Rottman『Saipan and Tinian 1944』（OSPREY、２００４年）
Bruce M. Petty『Saipan Oral Histories of the Pacific War』（McFarland and Company、２００２年）
James H. Hallas『SAIPAN』（STACKPOLE BOOKS、２０１９年）
HAROLD J. GOLDBERG『D-DAY IN THE PACIFIC』（INDIANA UNIVERSITY PRESS、２００７年）

Bill Sloan『THEIR BACKS AGAINST THE SEA』（Da Capo Press、２０１７年）
D. Colt Denfeld『HOLD　THE MARIANAS』（White Mane Publishing Company、１９９７年）
Marie S. C. Castro『Without a Penny In My Pocket』（Dorrance Publishing、２０１４年）
Dean Ladd『Faithful Warriors』（Naval Institute Press、２００９年）
JOHN TOLAND『The Rising Sun　The Decline and Fall of the Japanese Empire 1936-1945』（CASSELL and COMPANY、１９７０年）
GUY GABALDON『SAIPAN SUICIDE ISLAND』（１９９０年）
JAMES J. FAHEY『PACIFIC WAR DIARY』（HOUGHTON MIFFLIN COMPANY、１９６３年）
WILLIAM W. ROGAL『GUADALCANAL TARAWA AND BEYOND』（２０１０年）
『SECOND MARINE DIVISION COMMEMORATIVE ANTHOLOGY 1940-1949』（TURNER PUBLISHING、１９８８年）
John C. Chapin『THE 4th MARINE DIVISION IN WORLD WAR II』（１９７６年）
STEVEN TRENT SMITH『THE RESCUE』（２００１年）
『Japanese Eyes American Heart』（University of Hawai'i Press、１９９８年）
Gerald A. Meehl『One Marine's War』（Naval Institute Press、２０１２年）
GENE ERIC SALECKER『THE SECOND PEARL HARBOR』（UNIVERSITY OF OKLAHOMA PRESS、２０１４年）
BETTY COWLEY『Stalag Wisconsin』（Badger Books、２００２年）
Melton Alonza McLaurin『The Marines of Montford Point』（２００９年）
RAY "HAP" Halloran『HAP'S WAR』（HALLMARK PRESS）

Chester Marshall『Sky Giants Over Japan』（１９８４年）
『LIFE』１９４４年8月28日号（タイム社）
『LIFE』１９４４年11月6日号（タイム社）
トーマス・B・ブュエル著、小城正訳『提督　スプルーアンス』（学習研究社、２０００年）
チェスター・マーシャル著、高木晃治訳『B29　日本爆撃30回の実録』（ネコ・パブリッシング、２００１年）
大谷内一夫訳編『ジャパニーズ・エア・パワー』（光人社、１９９６年）
米国陸軍省編、外間正四郎訳『沖縄』（潮書房光人社、２００６年）
ジェームズ・H・ハラス著、猿渡青児訳『沖縄　シュガーローフの戦い』（光人社、２００７年）
BRANDON JEFFREY SCOTT『THE UNTOLD STORY OF CAMP MCCOY』（UNIVERSITY OF WISCONSIN-EAU CLAIRE、２０１０年、P5～P36）
米国立公文書館所蔵の使用写真ナンバーは以下のとおり＝#８４５８２、#８４９０８、#８５００９、#８５８２２、#８５８３２、#８６００８、#８７１２６、#９０１９０、#８８６６８、#９０１９０、#１２７９６６、CPA４４５８８８

日本統治時代のサイパン島内地図
集団投身自決が起きた2つのクリフ(崖)の場所も示した
(複数の資料をもとに筆者作成)

サイパン関連年表

	サイパン、北マリアナ諸島の出来事	北マリアナ以外（日本、世界）の動き
16世紀以前	チャモロ人が定住	
16世紀～19世紀	西洋人の来航、スペイン統治	
19世紀末～20世紀初頭	ドイツ統治	
１９１４（大正３）年	日本統治始まる	第一次世界大戦始まる（～１９１８年）
１９２０（大正９）年	南洋が日本の委任統治領になる	国際連盟発足
１９２１（大正10）年	南洋興発設立。製糖業中心に日本人の移民本格化	
１９２２（大正11）年	南洋庁（本庁・パラオ諸島のコロール島）発足	
１９３３（昭和８）年		日本、国際連盟を脱退
１９４１（昭和16）年		太平洋戦争始まる
１９４３（昭和18）年		米軍の反攻作戦が本格化。日本は「絶対国防圏」定める
１９４４（昭和19）年	マリアナ諸島近海で米潜水艦の攻撃による日本船沈没多発	
３月末		海軍乙事件が発生
３月～５月	日本軍の主力部隊がサイパン到着	

6月11日	米軍が北マリアナ諸島への空爆を始める	
6月13日	大艦隊がサイパン、テニアン両島を包囲	
6月15日	米軍がサイパンに上陸（Dデー）	
6月19、20日	マリアナ沖海戦	
6月25日	米軍、タポチョ山頂を占領	大本営がサイパン放棄を決定
7月6日	日本軍幹部が自決	
7月7日	日本の軍人、民間人が突撃攻撃（バンザイ突撃）をおこなう	
7月9日	米軍がサイパン占領を宣言	
7月11日前後	島最北部の崖で民間人の集団投身自決が多発	
7月18日		大本営がサイパン島の陥落を発表。東条内閣が総辞職
8月7日		米誌『タイム』が同日号でサイパン島の民間人の集団投身自決を伝える
8月19～20日		日本の主要全国紙が米誌『タイム』が伝えた集団投身自決を一面に掲載
9月10日		帝国議会でサイパンの民間人に関する質問が出る
10月	サイパン・イズリー飛行場がB29基地として完成	フィリピンで日本機の「特攻」が始まる

11月	イズリー飛行場の運用が本格化。日本陸海軍機がイズリー飛行場への攻撃を試みる。サイパン山中では大規模な敗残兵の掃討作戦が展開	マリアナ諸島基地からの日本本土空襲が始まる
11月6日		米誌『ライフ』が同日号でサイパンの日本人収容所の特集記事を掲載
1945（昭和20）年 1月	空爆指揮のカーチス・ルメイ司令官着任	この頃から大都市、軍事工場を中心に空襲が激化
2月～3月		硫黄島の戦い
3月下旬～6月		沖縄戦
4月以降		空襲が地方都市にも広がる
8月		広島、長崎に原爆投下。終戦
12月	サイパンの日本軍部隊が最後の投降	
12月～1946年	収容所の民間人、軍人が日本（沖縄、本土）に帰還	
1980年代～90年代前後	海外旅行ブームでサイパンも人気海外旅行先になる。多くの元住民も慰霊のため島を再訪した	
2005（平成17）年	天皇、皇后（平成時代当時）がサイパン訪問	

吉永 直登（よしなが なおと）

1963年生まれ。上智大学法学部を卒業後、NHK記者を経て1991年に共同通信社に入社。神戸、横浜など地方支局と本社（官公庁担当）で記者を務めた。映像音声部署のデスクも担当。

40代後半からライフワークで「移民」「戦前・戦中の南洋」の取材を続けており、2019年に『テニアン　太平洋から日本を見つめ続ける島』（あけび書房）を出版。

移民の歴史について学ぶ団体「移民と旅する社」を主催している。

忘れえぬサイパン1944
日米兵と民間人の目で描いた戦いの真実

2024年5月25日　初版第1刷発行

著　者　吉永直登
発行者　川上　隆
発行所　同時代社
〒101-0065　東京都千代田区西神田2-7-6 川合ビル
電話 03(3261)3149　FAX 03(3261)3237

制　作　久保企画編集室
組版・印刷・製本　モリモト印刷
装　幀　アルファ・デザイン：森近恵子

ISBN978-4-88683-966-4